KB127024

자이언티즘

GIANT

너무 커서 도리어 보이지 않는다
지상 최대 경제 사기극 ————

자이언티즘

ISM

게르트 노엘스 지음 | 박홍경 옮김

태음
TAEM

금융 위기 뒤에 숨은 진짜 문제, 자이언티즘

금융 위기가 시작된 지 십 년이 흘렀고, 전작 『경제충격(Econoshock)』을 펴낸 지도 십 년이 지났다. 세계 경제를 새롭게 분석할 만큼 충분한 시간이 무르익었다. 과연 위기는 지나갔는가? 중앙은행은 금융 시장을 안정시키기 위해 화폐를 무수히 찍으면서 자초한 문제를 극복했는가? 우리는 진정으로 위기를 벗어났는가?

위기가 끝났다면 경제가 여전히 궤도를 이탈한 채 떠돌고 있는 이유는 무엇인가? 중앙은행이 금융 시스템에 계속 자금을 투입하는 이유는 무엇인가? 위기의 원인 중 하나가 부채 때문이라는 사실을 알게 되었는데도 불구하고 부채가 계속 증가하는 이유는 무엇인가? 위기의 또 다른 원인인 대마불사는 오만, 탐욕, 위험으로 인해 차라리 사라지는 게 나았을 기관을 정부가 구제해주면서 벌어졌다. 비대한 은행의 다수가 지금도 건재하고 심지어 일부는 전보다 살집이 불었다. 이유가 무엇인가?

그런데 잠깐, 분석을 위한 출발점에 오류가 있는 것으로 보인다. 우리가 겪은 것은 겉보기에는 금융에 닥친 위기 같다. 그러나 금융 위기는 경제 시스템이 탈선하면서 벌어진 여러 결과 중 하나일 뿐이며 균형을 완전히 상실한 경제 구조에 처음 찾아온 심장마비일 뿐이다. 성장에 대한 집착은 도를 넘었다. 무슨 수를 써서라도 성장을 지속하기 위해 모든 것을 희생시키는 수준에 이르렀다. 이러한 요인이 금융 위기를 불렀다. 금융 시스템이 레버리지 효과 때문에 경제 시스템이 감당하기 어려운 수준으로 비대해졌다. 상부의 금융 구조가 기저의 실물 경제보다 몇 배나 커진 상태를 건전하다고 볼 수는 없다.

금융 위기의 성격이 워낙 복잡하다 보니 여전히 많은 사람이 무슨 일이 일어났었는지 이해하지 못한다. 이 때문에 역사를 자꾸 고친다. 앞뒤 다 자르고 '아무도 죄가 없다'라고 기록하는 사람이 있는가 하면 '미국의 투자은행 리먼 브러더스의 파산을 허용해서는 안 되는 일이었다'라고 쓰는 자도 있다. 2008년 위기의 진짜 원인은 자취를 감추지 않았으며 심지어 힘을 잃지도 않았다. 지난 십 년 동안 미국 등 세계 리더들은 시간을 벌기 위해 양적완화에 힘을 쏟았다. 그 사이 위기를 키우는 연료가 계속 공급되면서 부채는 더욱 늘었고, 불균형은 심각한 상태에 이르렀으며, 금융 상부 구조는 더 거대해졌다.

현재 거대한 금융 구조는 은행 업계보다는 중앙은행과 관련이 깊다. 중앙은행이야말로 진정한 시스템 은행이 되었으며 시장에서 JP

모간, 뱅크오브아메리카 메릴린치, 도이치 은행, 골드만삭스와 같이 거대하고 복잡한 대형 은행의 역할을 넘겨받았다. 중앙은행이 정확히 무슨 일을 하는지, 복잡한 구조가 어떻게 관리되는지 분명하게 이해하는 사람이 아무도 없다. 중앙은행이 금융 시스템에 어떻게 영향을 미치며 세계 경제를 제대로 모니터링하고 있는지 도무지 아는 사람이 없다. 중앙은행은 독립성 때문에 민주적인 감시와 통제에서 거리를 두고 있다. 그저 국민이 선출한 의원에게 몇 마디 던지거나 언론에 드문드문 답변을 내놓을 뿐이다. 이마저도 불가사의한 언어에 아리송한 용어가 뒤섞여 있어서 외부인의 시선에는 중앙은행의 전략이 안개 속처럼 불투명하다. 질문을 던지면 해석의 여지가 다분한 수수께끼 같은 답변이 돌아온다. 중요한 질문이 모호한 답변에 파묻힌다.

중앙은행을 이해하기 위해서는 그들이 어떤 일을 하는지 분석하는 것이 아니라 그들의 행위가 어떤 일을 일으키는지 보면 된다. 위기는 불안정한 금융에 반영되어 있으나 그 원인이 전적으로 금융에 있는 것은 아니다.

해결책으로 제시된 양적완화 정책은 도리어 시스템의 불안정성을 키운다. 이에 따라 또 다른 금융-경제 심장마비를 일으키는 수준까지 불균형이 심화될 것이다. 따라서 시스템 자체에 대해 생각해볼 필요가 있다. 시스템을 탈선시키는 요소는 무엇인가? 이 사안을 잘 이해하게 되면 '과잉'을 제대로 발견하게 되며 처방전을 받고 집단적으로 투약한 약물이 도리어 왜 병을 키우는지 이유를 깨닫게 된다.

현재 기후 문제는 2008년 위기 당시 금융 문제 못지않게 큰 관심을 받고 있다. 금융과 기후 문제를 일으킨 원인에는 상당 부분 공통점이 있는 것으로 보인다. 바로 자이언티즘(gigantism, 거대증)이다. 개념 자체는 단순하다. 그러나 다양한 측면이 있는 매우 복잡한 시스템이다. 자이언티즘은 경제 용어가 아니다. 의료 현장에서 신체의 과도한 성장을 가리킬 때 쓰는 말이다. 독자들은 '자이언티즘'이 단지 큰 것이 아니라 지나치게 큰 것을 지칭하는 용어임을 직관적으로 알아차렸을 것이다. 예를 들어 경제 조직이나 정치 조직 같은 다른 유기체도 지나치게 커질 수 있다. 이러한 과잉 확대 상태는 그 조직과 함께 커지는 건물, 선박, 비행기에도 영향을 미친다. 위신 때문에 그럴 수도 있다. 필요하기 때문에 그럴 수도 있다. 혹은 둘 다를 위해서 그럴 수도 있다. 그러나 우리는 자이언티즘 현상으로 인해 자부심과 함께 유력자의 존재감도 동시에 커진다는 점을 잊지 말아야 한다.

자이언티즘에는 다양한 원인이 있다. 사태가 처음에는 점진적으로, 나중에는 폭발적으로 통제 불능에 빠지게 된 과정을 이해하기 위해서는 자이언티즘의 원인을 자세히 살펴야 한다. 자이언티즘은 여러 요인이 복합적으로 작용한 결과다.

원인을 따져봐야만 우리가 해결해야 할 위기와 긴급 사태에 대한 진정한 대책을 생각할 수 있다. 자이언티즘 현상의 해결책은 경제와 금융 시스템의 지속가능성을 대폭 향상시킬 것이다. 그뿐 아니라 사회의 다른 측면도 더 건전하게 만들 것이다.

금융 위기는 광범위한 문제 가운데 하나에 불과하다. 시선을 돌려보면 환경, 인구 문제를 만난다. 이 부분이 전작인 『경제충격 (Econoshock)』과 연결되는 지점이다. 오늘날 몇 가지 유사한 변화가 진행되고 있으며, 우리가 세계 경제에 자극을 가하는 방식이 그러한 변화에 지대한 영향을 미친다.

정책 입안자는 자신의 시야가 좁다는 것을 알지 못한다. '성장은 좋은 것이다'라는 주장이 듣기에도 좋고 사실인 면도 있다. 하지만 한계치를 넘으면 이 주장은 더 이상 성립하지 않는다. 권력과 의사 결정은 소수에게 집중되어야 한다는 생각 역시 정책 입안자가 믿고 있는 또 다른 신념이다. '국가들이 개별적으로 접근하기에는 규모가 너무 작으니' 세계적 문제의 해결을 위해 소수의 지도자 아래 모이자고, 그들은 말한다. 그러나 틀렸다. 세계의 여러 문제는 분산된 방식으로 접근할 때 제대로 해결할 수 있다.

기후 문제나 바다를 오염시키는 미세 플라스틱은 어떤가? 세계적 차원의 '거대한' 접근이 필요한가? 이 문제들은 우리가 '거대하게' 생각하고 자이언티즘이 경제 법칙에 스며들도록 허용했기 때문에 통제를 벗어났다. 문제를 잘못 이해하면 잘못된 해결책을 내놓게 마련이다. 우리가 거대하게 생각하지 않았다면 많은 문제는 덜 심각했을 것이다. 우리는 '작게' 생각하는 법을 다시 익혀야 한다.

재활용, 분리수거, 지역 생산, 소비자의 의식 있는 구매와 같은 세계의 중요한 문제 일부는 작은 규모의 분산 방식으로 해결할 수 있다. 기후는 거창한 합의가 아니라 의식 있는 시민과 독창적인 과학자가 구할 수 있다.

사람, 정부, 공동체, 지구를 위해 경제의 건전성을 회복하려면 어떻게 해야 할까? 이 문제가 필자의 주된 관심사이며 이 책에서 명쾌하게 설명하기 위해 노력했다. 이 질문은 단순히 경제학자만을 위한 것이 아니다. 우리는 단편적으로 생각해서는 안 된다. 단순히 경제에 국한된 문제도 아니다. 사회, 나아가 인류의 모든 측면에 영향을 미치는 문제다. 바로 이 때문에 경제학자인 필자는 사회학, 자연 과학, 스포츠, 정치 등 다른 분야를 배우고 있다. 자연은 궁극적으로 새로운 균형을 찾기 위해 일시적으로 궤도를 이탈한다. 스포츠는 탈선의 역학과 사람들이 힘을 합쳐 목표를 달성하는 방법에 대해 알려준다. 스포츠는 경제와 사회의 거울이다. 정치는 자체적으로 개혁하고 하위의 조직에 권력을 분산하며 개입을 줄이고 올바른 방향으로 이익을 추구하며 이에 따라 일반의 이익 증진을 추구하는 시민과 기업가에게 더 많은 확신을 주는 방법을 터득해야 한다.

　자이언티즘이 더 이상 경제에만 관련된 것이 아니라고 생각하기 시작했다면 이제 시야를 넓힐 때가 된 것이다. 필자는 성장에 대한 집착이 생태와 사회의 불균형으로 이어졌다는 사실을 분명히 안다. 그들이 제시하는 불균형 해소 방안은 우리를 균형에서 더 멀어지게 만들기 때문에 도리어 불균형을 제대로 파악할 기회가 사라진다. 안타깝게도 많은 해결책이 지나치게 이념적이다. 좌파는 '경제는 나쁘고 자본도 나쁘며 기업은 모든 악의 근원이다'라고 말하며 우파는 '더 강한 리더십이 필요하다'라든지 '기후 문제란 존재하지 않으며 자본주의가 모두를 구원할 것이고 기업가가 세계 문제를 전부 해결할 수 있다'고 주장한다. 이념 영역에서도 균형을 회복해야 한다. 어느 편도 항상 옳지는 않다. 우리는 이념의 스펙트럼 양쪽을 오가며 가치 있는 주장을 받아들여야 한다.

사람들의 행동을 변화시키려면 설득하고 올바른 방향으로 움직이도록 자극해야 한다. 세계 경제를 지배하는 룰이 우리가 시도하려는 긍정적인 자극을 중단시켜서는 안 된다. 오늘날의 문제가 그 지배적 룰에 있다. 세계 경제가 하나의 거대한 컴퓨터 시뮬레이션 게임이라면 운영체제가 조만간 다운되고 말 것이다.

이제 우리는 대담한 사고 실험을 시작할 것이다. 현재의 해결책은 대체로 정치, 기관, 대기업과 같은 기성세력이 제안한 것이다. 변화는 저항을 불러일으킨다. 인간은 변화를 즐기지도 않는다. 하지만 우리가 모색할 변화는 위에서 시작되는 것이 아니다. 오히려 그 반대로, 아래에서부터 단계적으로 진행해야 한다. 그래야 성공에 이를 수 있다.

다른 영역에서는 이미 아래로부터 변화가 시도되고 있다. 청정 기술이나 인간적인 근로 환경을 위한 선택, 빈곤 퇴치, 환경 개선을 위한 변화는 과거의 틀에서는 나올 수 없다. 변화의 힘을 믿는 모든 풀뿌리가 행동할 때 변화가 날마다 조금씩 실현된다. 이 과정에 작은 자극과 속도를 더하면 우리 모두는 인류 규모의 경제를 위한 활동가가 된다. 그게 필자가 색다른 사고를 제시하며 나아가고자 하는 경제의 모습이며 『자이언티즘』을 집필한 이유이기도 하다. 이 책은 경제 일부분의 단편적인 주제를 다룬 책이 아니다. 지금의 세계를 바라보

는 개인적인 시선이자 세계가 더 나은 내일을 맞이할 수 있는 탈출구
이다.

2019년 2월

게르트 노엘스(Geert Noels)

목차

결론

보드 게임의 속임수가
자이언티즘으로

경제는 전 세계 수백만 명이 참여하는 게임이다. 게임이 회를 거듭할수록 경기의 규칙이 방향을 정한다. 이 때문에 게임을 만든 이들은 속임수와 규정을 과도하게 유연하게 해석하는 태도를 경계한다. 자이언티즘이 어떻게 발생했는지 알고 싶으면 친구나 가족과 함께 모노폴리 게임*을 해보면 된다. 이때 독자는 은행을 맡는 것이 좋다.

모노폴리 규칙은 단순하다. 예를 들어 참가자가 값비싼 지역에 도착했으나 임대료를 지불할 능력이 없다면 그 참가자는 탈락한다. 대다수의 참가자는 이 문제를 피할 수 있는 손쉬운 트릭을 조금씩 깨닫

---

* 모노폴리(Monopoly) : 역사상 가장 많이 팔린 보드 게임으로, 미국 대공황 시기에 만들어졌다. 한국에서 유행한 '블루마블'의 원조 게임이다. 놀이 이름이 암시하듯 같은 색깔의 땅을 독점하여 건물을 지은 뒤 임대료를 받으며 상대방을 파산시키면 승리하는 게임이다. – 역주

고 게임의 규칙을 유연하게 해석하려고 시도한다. 예를 들어 은행으로 하여금 파산자를 포함, 모든 참가자에게 동일한 지폐를 추가적으로 나눠주도록 하고, 파산자도 다시 게임을 이어갈 수 있도록 한다. 이러한 규칙의 변형은, 그러나 게임의 판세를 바꾼다. 은행의 개입이 없다면 과도한 위험을 떠안을 필요도 없고 충분한 현금을 수중에 들고 있을 것이다. 그러나 은행이 끼어들면 (땅을 사고 집이나 호텔을 마구 짓는 등) 위험을 감수하고 공격적으로 투자하는 참가자가 생긴다. 오랫동안 기다리기만 하면 잠재적인 수익이 눈덩이처럼 불어난다. 은행이 파산을 통해 참가자를 지원하면 경기를 이긴 것이나 다름없다.

　은행이 자금을 지원하기 시작하면 이내 다음과 같은 일이 벌어진다. 일부 참가자가 두 번째나 세 번째 호텔을 지어 많은 돈을 모으기 때문에 주택과 호텔의 공급이 부족해진다원래 모노폴리의 규칙에 따르면 은행으로부터 일정 액수의 돈을 받고 시작한다. 돈을 벌고 싶다면 게임 내에서 땅을 사고 건물을 지으며 임대료를 받으면 된다. 돈이 모자라면 갖고 있는 부동산을 담보로 대출을 받거나 혹은 팔아야 하고, 이마저도 부족하면 파산하면서 게임에서 탈락한다. 그런데 은행에서 돈을 제한 없이 공급하게 되면서 문제가 발생한다. 왜냐하면 돈은 무제한 공급되나 땅, 주택, 호텔의 숫자는 제한되어 있기 때문이다. 따라서 누군가 은행으로부터 추가로 지급받은 돈으로 마구 땅을 사들이고 주택이나 호텔을 짓기 시작하면 다른 참가자가 지을 수 있는 건물의 숫자가 줄어든다. – 역주. (규정을 제멋대로 해석한) 대다수의 참가자는 이런 상황에 재빠르게 동의한다. 가장 많은 위험을 진 참가자는 땅과 호텔을 많이 가지고 있으나 투자를 신중하게 검토 중이던 참가자는 주변으로 밀려나며 내야 할 돈이 계속 증가하게 된다.

은행의 개입은 두 가지 효과를 만든다. 원래 게임에서는 위험과 수익 사이에 상쇄관계trade off, 예를 들어 'high risk high return' – 역주가 있으나 가장 많은 위험을 감수한 참가자가 이기게 된다. 게다가 가장 무분별한 참가자가 더 많은 토지를 차지하고 더 많은 호텔을 손에 쥔다. 이는 은행의 개입이 과잉 투자와 자산 인플레이션(지나치게 비싼 물가)이라는 또 다른 효과를 만든다는 사실을 보여준다. 결국 모노폴리 게임은 더 이상 합리적이지 않기 때문에 종국에 이르게 될 것이다. 무제한이라고 생각했던 자금도 결국에는 호텔처럼 공급 부족에 이른다. 참가자는 재미를 느끼지 못하고 게임을 중단한다.

오늘날 세계 경제에서 중앙은행은 모노폴리의 은행이며 독자는 신중한 참가자이고 거대 기업은 게임이 다르게 진행된다는 것은행으로부터 돈을 빌려서 공격적으로 투자하면 이길 수 있다고 여기는 것 – 역주을 알고 있다.

자이언티즘

:: 게임 오버 ::

파산한 첫 번째 참가자가 일반 게임처럼 물러난다. 하지만 이내 두 번째 참가자도 파산하여 게임이 끝난다. 파산한 참가자는 신용 기관(은행이나 다른 참가자)에 주택, 호텔, 다른 부동산 등 자신이 가진 모든 것을 준다.

이제 남은 참가자는 더 많은 재산을 갖게 되었다.

1. 현금

2. 소유한 보드, 공공기관(수도회사, 전기회사), 기차역에 표시된 토지 가격

3. 모기지 부동산 보드에 표시된 가격의 절반

4. 소유한 주택의 구매가

5. 소유한 호텔의 구매가(호텔=집 4채)

가장 부자인 참가자가 게임의 승자다!

GIANT
ISM

1장

자이언티즘이란 무엇인가?

GIANT ISM

'자이언티즘(Gigantism)'은 경제의 맥락에서 독특한 의미를 지니는 용어다. 원래 이 단어는 생물의 몸집이 지나치게 커지는 질환을 가리키는 의미로 주로 쓰인다. 과도한 성장을 지칭하는 단어에는 거구증(macrosomy), 거인증(hypersomy), 비대증(acromegaly) 등이 있지만 책 제목으로는 그다지 눈길을 끌지 않는다. '우울한 학문dismal science,

맬서스와 리카도는 주류 경제학의 대표주자로 애덤 스미스의 후계자로 꼽혔다. 이들의 경제학은 대중의 빈곤과 불평등의 심화를 불가피한 전제로 삼았다. 이런 그들의 인식을 풍자하며 칼라일은 '우울한 학문에 종사하는 존경하는 교수님들'이라고 말했다. − 역주'을 수행한

다는 경제학자가 느끼기에도 다소 암울한 구석이 있는 이러한 단어는 모두 신체의 비정상적 성장을 지칭한다. 자이언티즘은 성장 호르몬이 과도하게 생산된 결과로 나타나는 증상이다. 과도한 자극, 성장

호르몬의 과도한 분비로 신체가 비대해진다는 점이 내겐 무척 흥미롭게 다가왔다.

생물에서 나타나는 현상은 조직에도 동일하게 일어날 수 있다. 기업, 기관, NGO, 국제기구, 축구팀도 지나치게 규모가 커져서 거대 조직이 되는 경우가 있다. 조직의 비대화는 경제에 해를 끼치며, 바로 이 때문에 경제 질환이라고 부를 수 있다. 이는 불균형을 의미하며 다른 부문과 다른 활동에 전이될 수 있는 경제적 질병이다. 이 질병은 전염성이 있으며 경제적으로 해롭기 때문에 우리는 자이언티즘을 해결할 치료법을 찾아야 한다. 예방책까지 찾는다면 금상첨화다.

인간에게 거대증이 나타나는 경우는 흔치 않다. 그럼에도 필자가 거대증에 대한 책을 쓰고 있다는 것은 경제에서 거대증이 흔하게 발견되고 있음을 우려하고 있다는 뜻이기도 하다. 과연 경제에서 자이언티즘이 빈번하게 발견되는가? 먼저 그에 대한 상황을 간략하게 소개하는 편이 나을 것이다. 거대한 조직, 비대한 기업, 지나치게 큰 경제 기관에 문제가 있는가? 아니면 그저 우리의 착각일 뿐인가? 그런 문제가 늘 있었던 것은 아닌가?

경제 자이언티즘에 대한 진단을 내리기는 쉽지 않으나 객관적인 진단을 위해 세 가지 접근법을 생각할 수 있다. 첫째, 비정상적인 규모를 정의하고 역사적 사례와 이를 비교한다. 오늘날 거대 기업과 조직이 나타나는 형태와 빈도가 과거에는 볼 수 없었던 수준인가? 이 질문에 답하는 것이 첫 번째 단계다. 자이언티즘의 문제는 규모 자체만이 아니다. 지나치게 몸집이 커진 기업은 활동하는 분야가 있을 텐데

이때 과잉의 문제를 보인다. 따라서 경제학자들은 특정 부문이나 기업에서 지나치게 높은 수익 또는 과도한 이익을 찾아야 한다. 규모나 과도한 이익뿐 아니라 집중도도 문제다. 과도한 규모, 집중도, 지나치게 높다고 볼 수 있는 이익은 자이언티즘이 발생했음을 의미한다. 자이언티즘으로 인한 병변을 이렇게 3가지로 정립할 수 있다면 더 이상 의문이 없다. 그러면 진단을 세분화할 수 있고 증상을 식별하며 이 경제적 질병을 해결하기 위한 치료법을 생각할 수 있다.

│ '큰 것이 아름답다', 규모에 대한 탐닉 │

대기업이 경제에서 차지하는 비중이 점점 더 커진다는 사실을 보여주는 수치를 찾기란 어렵지 않다. 국가와 부문을 가리지 않고 이 문제가 나타나고 있기 때문이다. 제2차 세계대전 이후 미국에서는 200대 기업이 창출한 부가가치가 기업 전체에서 차지하는 비중이 30퍼센트에서 45퍼센트로 증가했다. 1975년 이전에 가장 큰 폭의 증가세가 나타났다가 잠시 주춤했는데 그러다 지난 20년 동안 추세는 다시 가팔라졌다.

미국의 신문 〈뉴욕타임스〉 역시 미국 기업의 규모를 조사한 이후 동일한 결론에 도달했다. 기업의 규모가 '점점 더 커지는' 추세가 확인된 것이다(그림 1 참고). 시가총액, 부가가치 비중, 직원 숫자 등 무엇으로 보나 대기업에 해당하는 기업이 지속적으로 증가하고 있다.

앞으로 자세히 다루겠지만 대기업은 몸집을 불림으로써 누릴 수 있는 중요한 이점에 대해 잘 알고 있기에 계속 성장하기를 원한다. 규모가 클수록 영향력도 커지고 결국에는 이익이 증가한다. 경쟁이 심화되는 현실 역시 기업이 몸집 불리기를 원하는 이유다. 만인에 대한

:: 대기업이 더 거대해진다 ::

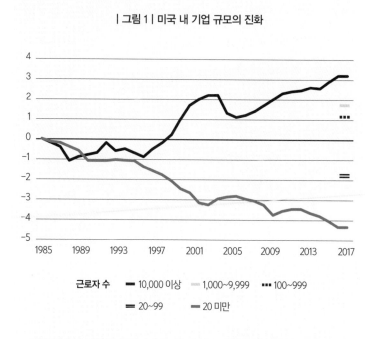

| 그림 1 | 미국 내 기업 규모의 진화

근로자 수 ━ 10,000 이상 ━ 1,000~9,999 ▪▪▪ 100~999
═ 20~99 ━ 20 미만

미국 내 중소기업의 근로자 수는 줄어드는 가운데 대기업의 일자리 수는 증가했다.

출처 : 인구조사국 자료를 기반으로 작성된 뉴욕 타임스 기사

만인의 추격은 끝없이 진행된다.

이에 대한 저항이 없는 것은 아니며 정치인들이 종종 그 위험성을 지적하고 있다. 캘리포니아 실리콘밸리의 민주당 의원인 로 카나(Ro Khanna)도 2018년 연설에서 자이언티즘 문제를 거론했다.

"이 나라의 국민들이 반감을 갖는 대상 중 하나는 몸집을 불리고 있는 거대한 기관이다. 국민들은 거대 기관이 운명을 자체적으로 통제할 능력을 상실하고 있다고 느낀다."

카나가 지적한 문제는 앞으로 이어지는 장에서 자세하게 다룰 자이언티즘의 여러 결과 가운데 하나일 뿐이다. 다만 자이언티즘 환자가 증상과 질병에 어떤 불만을 품고 있는지 살펴보는 것보다는 우선 질병에 집중하는 편이 좋겠다.

이 질병의 가장 두드러진 특징으로 대기업 시가총액(기업 주식에 주가를 반영한 총 가치)의 증가를 꼽을 수 있다. 미국의 IT 기업인 애플, 구글, 마이크로소프트의 시총은 1조 달러 선을 넘나든다. 거래소에서 주가가 30퍼센트 급등하기도 하고 하락하기도 하지만 큰 그림은 변하지 않는다. 이러한 IT 기업은 경제를, 심지어 세계적 수준에서 지배하는 거대 조직으로서의 위상을 유지하고 있다. IT 기업의 규모도 매우 비대하지만 제약 그룹과 은행도 시가총액, 직원 수, 대차대조표, 매출 면에서 거대하다. 오늘날의 달러 가치로 환산한 그림 2의 수치를 보면 현재 미국 기업의 규모는 실로 거대한 수준이다. 물론 미국 기업에만 주목해서는 안 된다. 전 세계적으로 중국 기업 역시 인상적인 규모를 자랑한다.

자이언티즘

:: 과거 100년간 미국의 상위 10대 기업 ::

| 그림 2 | 미국 내 상장 기업의 규모

1917년
자산규모(2007년 9월 가격 기준)

1967년
시장가치(2007년 9월 가격 기준)

2017년
시장가치(2017년 11월 10일 기준)

1917년	1967년	2017년
US스틸 464억 달러, 철강	IBM 2,586억 달러, IT	애플 8,980억 달러, IT
AT&T 141억 달러, 통신	AT&T 2,005억 달러, 통신	알파벳 7,190억 달러, IT
뉴저지 스탠다드 오일 107억 달러, 석유 및 가스	이스트맨 코닥 1,770억 달러, 필름	마이크로소프트 6,440억 달러, IT
베들레헴 철강 71억 달러, 철강	제너럴 모터스 1,712억 달러, 자동차	아마존 5,340억 달러, IT
아머 앤 컴퍼니 58억 달러, 식품	뉴저지 스탠다드 오일 1,065억 달러, 석유 및 가스	페이스북 5,180억 달러, IT
스위프트 앤 컴퍼니 58억 달러, 식품	텍사코 823억 달러, 석유 및 가스	버크셔 해서웨이 4,520억 달러, 복합기업
인터내셔널 하베스터 49억 달러, 기계	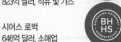 시어스 로벅 646억 달러, 소매업	존슨앤존슨 3,740억 달러, 제약
듀폰 49억 달러, 화학	제너럴 일렉트릭 639억 달러, 복합기업	엑손 모빌 3,500억 달러, 석유 및 가스
미드베일 철강 및 군수품 48억 달러, 철강	폴라로이드 580억 달러, 필름	J.P.모간 3,400억 달러, 금융서비스
US 고무 46억 달러, 고무	걸프 오일 580억 달러, 석유 및 가스	웰스 파고 2,660억 달러, 금융서비스

2019년 세계 증시는 IT 기업이 견인했다. 최상위 자리는 미국 기업이 차지했으나 나머지는 미국과 중국 기업이 섞여 있어 상위 20위를 양국이 사이좋게 양분하는 모양새였다. 다시 말해 아시아의 초강대국인 중국이 보유한 IT 공룡 기업의 숫자는 미국과 유사한 수준이다. 아마존에는 알리바바가, 애플에는 샤오미라는 경쟁자가 있다.

| 표 1 | 세계 최대 규모의 IT 상장 기업들

	시가총액 (단위 : 10억 달러)		시가총액 (단위 : 10억 달러)
바이두	90	마이크로소프트	790
알리바바	435	오라클	182
텐센트	416	인텔	222
BAT*	**941**	브로드컴	108
		시스코	212
페이스북	470	엔비디아	88
애플	785	IBM	122
아마존	795		
넷플릭스	148	나스닥 100 지수	8000
알파벳(구글)	775	나스닥 종합 지수	11600
FAANG**	**2937**	S&P500	23900

출처 : 블룸버그(Bloomberg), 2019년 2월

---

* BAT는 바이두(Baidu), 알리바바(Alibaba), 텐센트(Tencent)를 통틀어 일컫는 말이다.

** FAANG은 페이스북(Facebook), 애플(Apple), 아마존(Amazon), 넷플릭스(Netflix), 구글(Google)을 통틀어 일컫는 말이다.

자이언티즘

알리바바와 텐센트의 시가총액은 미국 경쟁 기업의 시총과 비슷한 수준이다. 미국의 6대 IT 기업 규모는 100위권의 나머지 IT 기업을 모두 더한 규모에 맞먹는다. 규모면에서 눈길을 끌지만 집중도 또한 매우 높다는 점을 알 수 있다.

오늘날 다른 지역에서 유럽 기업의 규모는 이전보다 축소되었다. 유럽 최대의 기업인 식품 그룹 네슬레, 석유 및 천연가스 회사 로열 더치 셸, 제약 공룡인 로슈의 규모를 다 합쳐도 미국 최대 기업인 애플에 못 미친다(시가총액 기준). 특히 유럽 최대 기업 열 개 중 다섯 개는 유로존 밖의 기업이라는 점, 유럽의 상위 10대 기업 중에 IT 기업

| 표 2 | 유럽 내 최대 상장 기업

상위 10대 기업	국적	시가총액 (단위 : 10억 달러)
네슬레	스위스	232
로열 더치 셸	영국/네덜란드	223
로슈 홀딩	스위스	199
노바티스	스위스	195
HSBC 홀딩스	영국	146
모엣 헤네시 루이비통	프랑스	144
유니레버	영국/네덜란드	135
토탈	프랑스	127
BP	영국	121
로레알	프랑스	119
총합		1641

이 없고 석유 기업과 은행이 주를 이룬다는 점이 눈에 띈다. 독자들은 유럽이 전통 부문에 갇혀 있고 신경제에서 기회를 놓쳤다는 사실을 이미 눈치 챘을 것이다.

물론 증시가 규모를 나타내는 유일한 기준은 아니다. 스웨덴의 가구 매장인 이케아나 프랑스의 스포츠 용품 체인인 데카트론처럼 특정 부문에서 시장 지배력이 높지만 상장하지 않은 유럽의 대기업도 있다. 이는 중국도 마찬가지로 스마트폰 제조업체인 화웨이는 비상장사다. 유럽의 유망한 기업이 몸집을 불릴 기회를 잡기도 전에 미국이나 중국의 거대 기업에 희생되는 경우도 많다. 호텔 웹사이트인 부킹닷컴(Booking.com)이나 핀란드의 게임 개발사인 슈퍼셀이 그런 사례다. 스웨덴의 스트리밍 플랫폼 스포티파이가 예외적이기는 하지만 상황은 언제든 변할 수 있다.

하지만 미국보다 유럽에서 대기업의 출현 빈도가 낮은 데는 또 다른 중요한 이유가 있다. 유럽의 반독점 정책은 대서양 건너편의 미국에 비해 훨씬 엄격하다. 게다가 반독점 정책이 대륙 단위에 앞서 이미 국가 수준에서부터 적용되기 때문에 유럽에서는 미국 기업과 겨룰 만한 챔피언을 배출하기 어렵다. 예를 들어 스웨덴은 스카니아와 볼보의 합병으로 탄생하게 될 회사가 유럽의 트럭 시장을 지배할 수준이 아님에도 15년 전에 양사의 합병을 가로막았다. 마찬가지로 2019년 EU는 열차 제작 업체인 알스톰과 지멘스의 합병을 무산시켰다.

유럽연합 집행위원회는 유럽 기업에 엄격한 기준을 적용하지만 미국 기업에는 동일한 잣대를 적용하지 못한다. 그 결과 유럽 기업은 많은 부문에서 왜소한 모양새를 띄게 되었다. 물론 예외는 있으며, 그러한 예외가 강력한 로비 기구로 무장한 금융업과 제약업에서 발견되는 것은 우연이 아니다.

유럽에서 눈에 띄는 점은 정부의 비대화다. 앙겔라 메르켈(Angela Merkel) 독일 총리가 했던 발언을 보자.

"오늘날 유럽이 전 세계 인구에서 차지하는 비중은 7퍼센트에 불과하나 국내 총생산에서 차지하는 비중은 약 25퍼센트이며 전 세계 사회적 지출의 50퍼센트에 해당하는 자금을 제공한다. 따라서 유럽은 지금의 번영과 생활방식을 유지하기 위해 부단한 노력을 기울여야 할 것이다."

유럽에서 당국 자체가 거인이 되면서 정부 지출이 광범위하고 일반화되었으며 농업, 지역 개발, 향후에는 이산화탄소 감축 투자에 막대한 유럽 기금을 운용하고 있다. 이는 완전히 다른 경제현상을 만든다. 유럽에서는 기업이나 기업의 CEO가 아닌 기관과 정치 지도자들이 거인이다.

반면 중국에서는 국가가 소유하고 있어 그 규모를 가늠하기 어려운 거대 기업이 많다. 대규모 은행과 에너지 기업이 그 예에 속하며 상장된 IT 기업은 이에 해당하지 않는다. 이 같은 공룡 기업은 주로 정부에서 통제한다. 문제는 이들이 세계의 다른 지역을 돌아다니며 해당 지역의 규칙을 동일하게 따를 필요 없이 비상장사를 인수한다는 점이다. 중국 기업은 말 그대로 국가의 지원을 받으면서 동시에 국가의 지원이 명백하게 금지되어 있는 유럽에서 경쟁자들을 사들일 수

| 표 3 | 중국의 최대기업

순위	국적	본사 위치	산업 부문	기업유형
1	시노펙 그룹	베이징	석유	상장기업, 국영기업
2	중국석유천연가스그룹	베이징	석유	국영기업
3	국가전력망공사	베이징	전기	국영기업
4	중국공상은행	베이징	은행	상장기업, 국영기업
5	중국건설은행	베이징	은행	상장기업, 국영기업
6	중국농업은행	베이징	은행	국영기업
7	중국건축유한주식회사	베이징	건축	국영기업
8	차이나 모바일	베이징	통신	국영기업
9	중국은행	베이징	은행	상장기업, 국영기업
10	노블 그룹	홍콩	지주회사	상장기업

출처 : 포춘지

있다. 이는 경쟁 왜곡을 낳는다.

현 상황과는 대조적으로, 1602~1800년에 활동했던 네덜란드 동인도회사(Vereenigde Oost-Indische Compagnie, VOC)의 예를 보면 오늘날 가치로 환산한 시장가치가 약 8조 달러에 달한다. 이는 미국 최대의 IT 기업 100개를 모두 더한 수준이다.

그러나 기업 규모를 가늠하기 위해 역사적 비교를 사용하는 방법은 간단치 않다. 과거에는 증시가 오늘날처럼 발달하지 않았으며 통계도 정확하지 않았고 국가와 기업이 더 긴밀하게 연결되어 있었다. 게다가 과거의 가치를 오늘날 유로와 달러로 환산할 때의 오차 범위

자이언티즘

:: 세계 최대 기업이 방만한 경영으로 무너지다 ::

| 그림 3 | 역사적으로 본 기업의 규모

출처 : The Motley Fool, Barry Ritholtz, Sheridan Titman, Jeff Desjardins, December 8, 2017 & Visual Capitalist.

가 크다. 네덜란드 동인도회사는 진정한 의미에서 최초의 주식회사로, 주식이 자유롭게 거래되었다. 무역상사는 자체 군대를 보유했으며 전성기에는 3만 명에 가까운 인력을 고용했다. 하지만 부패와 부실로 좌초하고 말았다.

미국의 경제학자이자 여론 주도자인 배리 리트홀츠(Barry Ritholtz)는 다음과 같이 취합한 데이터를 통해 먼 과거와 그리 멀지 않은 과거의 거대 기업 규모를 보여주고 있다.

- **사우디 아람코** : 사우디아라비아의 석유 기업으로 셰리던 티트만 (Sheridan Titman) 텍사스 대학교 교수의 계산에 따르면 이론상 가치가 2010년 기준으로 4조 1,000억 달러다(오늘날 달러로 환산 시).

- **중국 석유천연가스공사** : 에너지 부문의 중국 국영 기업으로 시장가치가 2007년 기준으로 1조 4,000억 달러다(오늘날 달러로 환산 시).

- **스탠더드오일** : 전설적인 존 D. 록펠러(John D. Rockfeller)의 석유 기업으로, 독점적 지위를 잃기 직전인 1900년에 시장가치가 1조 달러에 이르렀다. 오늘날 여러 IT 기업의 규모와 유사한 수준이다.

- **마이크로소프트** : 닷컴 버블이 터지기 직전인 1999년에 시장가치가 9,000억 달러로 절정에 달했다.

자이언티즘은 단순히 기업에서만 나타나는 현상이 아니다. 최근 수십 년 동안 교육, 의료, 행정 등의 분야에서도 두드러진 성장세를 보였다. 활용할 수 있는 통계가 적지만 학계에서는 전체 규모가 점점 더 커지고 있다는 데 입을 모은다.

영국의 중등학교는 1950년 학교당 학생이 300명이었는데 2016년에는 1,000명 수준으로 커졌다. 미국에서는 대규모 학교의 숫자가 2000년에서 2016년 사이에 두 배 수준으로 늘었다. 여전히 대다수 학교는 규모가 작지만 현재 소규모 학교에 입학하는 학생은 미미한

:: 학교의 자이언티즘 ::

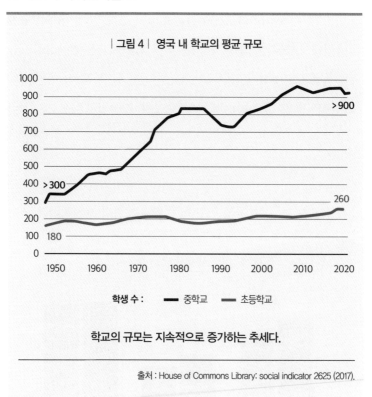

| 그림 4 | 영국 내 학교의 평균 규모

>900

>300

260

180

학생 수: ━━ 중학교 ━━ 초등학교

학교의 규모는 지속적으로 증가하는 추세다.

출처 : House of Commons Library: social indicator 2625 (2017).

숫자다.

교육 부문에서 규모의 변화는 눈부실 정도다. 소규모 학교는 사라
지고 있고 중간 규모 이상, 특히 초대형 학교의 숫자가 증가하고 있
다. 이러한 현상은 서양의 모든 나라에서 나타나며 경제학자들이 점
점 더 부채질하고 있다. 학교의 규모가 클 때 누릴 수 있는 이점은 설

명하기 쉬운 반면 규모가 작을 때 누릴 수 있는 이점이란 측정하기
가 쉽지 않다. 소규모 학교가 누리는 이점이 경제보다는 대부분 관계
적 측면에 집중되기 때문이다. 규모가 큰 교육 기관은 전문성을 제공
하고 폭넓은 분야에서 실력 있는 교사를 공유할 수 있다. 하지만 대
형 학교의 경우, 폭력 사건의 발생, 괴롭힘, 따돌림과 같이 치명적인

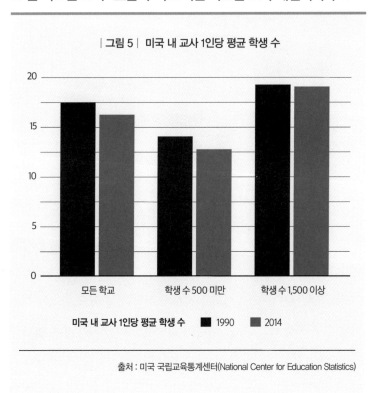

:: 큰 학교는 보다 "효율적"이고 작은 학교는 보다 개인적이다 ::

| 그림 5 | 미국 내 교사 1인당 평균 학생 수

출처 : 미국 국립교육통계센터(National Center for Education Statistics)

자이언티즘

약점도 있으며 이에 대해서는 앞으로 살펴볼 것이다. 이 같은 부정적 요소는 측정이 훨씬 어렵다. '규모가 클수록 더 효율적이다.'라는 경제 분야의 격언은 점점 더 남발되었고 최근 수십 년 동안 정책을 지배했다.

경찰, 소방대, 문화 조직과 같은 정부 서비스의 경우 규모의 확대를 분석하기가 어렵다. 하지만 의료 서비스는 비교적 문서화가 잘 되어 있는 분야다. 연구자들은 전 세계의 종합병원 규모가 점점 더 커지고 있고 구조도 복잡해지고 있다고 주장한다. 작은 병원에서는 모든 전문 서비스를 제공할 수 없고 현대 의학에서 요구하는 모든 기술을 제때 갖출 수 없기 때문에 당연히 규모의 확대는 이점을 제공한다. 하지만 이는 환자에게 환경 변화를 의미한다. 소형 병원의 덜 위협적인 분위기에 익숙한 환자들은 이제 딱딱한 기계적 환경에 처하게 된다. 진전된 기술의 혜택을 누릴 가능성은 커지겠지만 친숙한 분위기에서 맞춤 서비스를 받을 가능성은 그만큼 낮아진다.

의료 서비스의 경우에도 주로 경제적 사고를 주창하는 사람들에 의해 규모의 확대를 꾀한다. 이른바 '규모의 경제'를 요구하는 주장은 의료 서비스 부문에서 경제 효율성의 극대화만을 추구한다면 강력한 힘을 갖는다. 이탈리아의 연구자들은 의료 서비스 부문에서 일어나고 있는 규모의 경제 실태를 조사했다. 그 결과 정책 입안자들이 의료 서비스에서 집중도를 높이고 의료 기관의 합병을 장려해야 한다는 강한 압박을 받고 있음을 발견했다. 규모를 늘리면 운영에 드는 평균 비용을 낮추고 진료 결과를 개선시킬 수 있다는 발상에서 비롯된 압박이다. 이러한 맥락에서 규모의 효율성을 계산하는 작업은 최적의 규모를 달성하는 데 있어 매우 중요하다.

경제성을 따지는 일은, 환자의 신뢰, 행복, 의료진과의 소통, 관련된 모든 환경에 대한 전반적인 평가와 같이 광범위한 정성적, 사회경제적 지표와 비교했을 때 측정하기 쉽고 폭넓게 활용 가능하다는 이점이 있다. 정성적, 사회경제적 요소는 측정할 수 없는 경우가 많으며, 설사 관련 통계가 존재하더라도 순수한 경제적 통계와 달리 다른 나라나 다른 기관의 데이터와 비교하기가 어렵다.

이탈리아 연구자들은 문헌을 조사하여 의료 기관에서 규모의 경제

:: 병원 부문의 자이언티즘 : 전염병 ::

| 표 4 | 병원의 '규모의 경제'에 대한 기사

발행 분야	1969~1989	1990~2000	2001~2014
산업 및 경제 저널	0	9	16
건강 관련 저널	4	7	34
의료 저널	1	3	8
경영 및 과학 저널	3	6	14
총합	**8**	**25**	**72**

규모의 경제에 대한 기사는 2000년을 전후로 거의 3배 더 많아졌다.

출처 : Monica Giancotti, Annamaria Guglielmo, Marianna Mauro, Efficiency and optimal size of hospitals: Results of a systematic search, March 29, 2017

자이언티즘

를 다루는 출판물이 급격히 증가했음을 발견했다. 특히 최근 수십 년 동안 비즈니스와 경제학 저널이든 의료 서비스 분야의 출판물이든 상관없이 '확대'를 다룬 주제가 담론을 장악한 것으로 나타났다(표 4 참고). '규모 수익'과 '규모의 경제'라는 단어는 21세기 전과 비교했을 때는 세 배 더 많이 사용되었다.

환자에 대한 관심보다 경영을 더 중시하는 문화 속에서 전 세계적으로 대형 의료 기관이 우후죽순 생겨나는 것이 어찌 보면 당연한 결과다.

국제기구 역시 최근 수년 동안 몸집이 커졌다. 비정부기구(NGO)는 30년 전만 해도 대부분 규모가 작았으나 최근 들어 다국적 기구라는 이름에 걸맞은 크기로 변신했다. 1970년경 설립된 국경없는의사회는 2015년 현재 직원이 3만 명 이상이며 예산은 20억 달러에 이른다. 같은 시기에 설립된 환경 단체인 그린피스는 캐나다의 소규모 프로젝트로 출발했으나 오늘날에는 전 세계에 약 5만 명의 자원 봉사자가 활동 중이며 예산은 3,000억 달러에 달한다. 1942년 설립된 원조 기구인 옥스팜은 100여 개국에서 활동하고 있다. 특히 영국에서 활발하게 활동을 펼치고 있는데 전 세계에 1,200개가 넘는 사무소를 두고 있고 예산은 10억 달러에 달한다. 비정부기구는 여느 다국적 조직과 다름없이 확대를 거듭해 왔으며 단체에서 주창하는 대의를 조직적으로 추구하기 위해 재무에서부터 인사에 이르기까지 특화된 관리 기능을 갖추고 있다.

규모의 경제와 지속적인 확장은 국제 파트너십에서도 발견된다.

유럽연합(EU)은 1951년에 유럽석탄철강공동체(ECSC)라는 이름으로 6개국이 창설한 조직이다. 로마 조약의 체결로 유럽경제공동체(ECC)가 1957년 설립되었으며 이후 회원국이 늘어 오늘날에는 28개국이 가입했다. 조만간 브렉시트가 완료되면 사상 처음으로 유럽연합의 회원국이 줄게 된다. 어쩌면 자이언티즘에도 한계가 있음을 알리는 징조일지 모른다.

유럽연합의 일부인 유로존 역시 비슷한 방식으로 규모가 커졌다. 원래 1998년에 11개국이 모인 집단이었으나 지금은 19개국이 속해 있다. 핀란드에서 그리스에 이르는 다양한 국가가 속한 경제 구역에서 공동의 통화를 사용하기란 상당히 어려운 일이다. 공동 통화의 사용이 얼마나 어려운지는 이미 과거에도 여러 차례 입증되었으며 대표적인 예가 라틴 화폐동맹이다. 유로존의 19세기 버전이라 할 수 있는 라틴 화폐동맹에는 벨기에, 프랑스, 이탈리아, 스위스가 창립국으로 참여했다. 동맹이 형성된 직후에 스페인과 그리스가, 1889년에는 루마니아, 불가리아, 세르비아, 산마리노, 베네수엘라가 동참했다. 조직이 안정을 이루기도 전에 확대를 꾀하는 움직임이 강력하게 일어난 것이다. 문제는 그리스가 합의를 지키지 않으면서 시작되었다. 나중에는 제1차 세계대전에 자금을 공급하기 위해 화폐를 찍어내면서 결국 화폐동맹은 와해되었다.

이 같은 역사적 교훈과 2008년 금융위기 이후의 불안한 정세에도 불구하고 유로존은 확대를 지속할 가능성이 높다. 원칙적으로는 앞으로 7개 국가가 유로를 도입해야 할 의무를 가지고 있다. 여기에는

자이언티즘

스웨덴이 포함되는데, 스웨덴은 이미 오래 전에 유로를 도입했어야 하지만 계속 결정을 유보하고 있는 상태다.

유로는 달러를 모델로 출범했다. 미국의 통화에 필적하거나 나아가 이를 뛰어넘는 준비 통화의 지위에 오르는 것이 목표다. 기이하게도 유로존에서는 외연 확대를 꾀하기에 앞서 안정성을 우선순위로 삼지 않았다. 금융위기는 유로존이 견고함과는 거리가 멀다는 사실을 분명히 보여줬다. 오늘날에는 이탈리아에서 문제가 발생하며 유로존의 취약성이 재조명되고 있으며 이탈리아 정부는 유로존을 탈퇴하겠다고 지속적으로 발언하고 있다. 2011년 유로존의 와해 위기를 불렀던 그리스는 현재 잠잠한 상태이지만 문제는 전혀 해결되지 않았다. 마치 휴화산처럼 언제든 분출할 위험이 도사리고 있다.

국제 행사 역시 모든 측면에서 볼 때 멈출 수 없는 증가세를 보이고 있다. 근대 올림픽 경기는 1896년에 처음 개최되었으며 14개국 241명의 선수가 43개 종목에 출전했다. 2016년 브라질 리우데자네이루에서 개최된 하계 올림픽에는 전 세계 약 200개 국가의 1만 2천 명가량의 선수가 참여했다. 이 같은 증가는 세계화와 관련되어 있지만 그게 전부는 아니다. 경쟁이 급증하는 것은 주목할 만한 또 다른 현상이다. 점점 더 많은 나라가 참가하여 300개 넘는 종목에서 메달을 따기 위해 경쟁을 벌이고 있다. 이러한 경기는 거대한 다국적 후원사의 지원을 얻을 수 있는 대규모 국가에서만 조직할 수 있다. 분배 문제는 언제나 부패와 국제적인 모의라는 베일에 가려져 있다. '참여가 승리보다 더 중요하다.'라는 초창기의 올림픽 정신은 이제 거의 찾아볼 수 없다. 오로지 개최 도시, 개최국, 참가 선수의 돈과 명예가 중요할 뿐이다. 일부 선수들은 공정한 경쟁이라는 올림픽의 가치를 경시하는 모습을 보이기도 한다.

경기의 규모를 축소한다면 보다 순수한 원래의 정신에 가까이 다가갈 수 있을 것이다. 하지만 국제올림픽위원회(IOC)는 그럴 의도가 없어 보인다. '적을수록 좋다.'가 지지를 얻는 역행 현상이 일어나기 전에 올림픽 경기가 자기 무게를 이기지 못하고 붕괴될 가능성도 있다.

유로비전 송 콘테스트는 확대를 거듭한 결과 정체성을 완전히 상실한 행사의 또 다른 좋은 사례다. 이 콘테스트는 1956년에 벨기에, 프랑스, 이탈리아, 룩셈부르크, 네덜란드, 독일 연방 공화국, 스위스 등 7개국의 참여로 시작되었다. 원래 10개국이 초청되었으나 덴마크, 오스트리아는 뒤늦게 참가 의사를 밝혔으며 영국은 이미 영국 팝송 페스티벌을 조직한 상황이라 참여를 원하지 않았다. 말하자면 초기 버전의 브렉시트였던 셈이다.

2019년에는 이 콘테스트에 호주, 이스라엘을 포함한 42개국이 참여할 예정이다. 이렇다 보니 원래 송 페스티벌의 모습은 거의 남아 있지 않으며 승자를 가리기 위한 카르텔이 형성되어 있을 뿐이다. 콘테스트 참가자의 노래에 대해 느낌과 색깔이 논의될 수는 있겠지만 대부분의 경우 대중의 귀에 도달하기에 적합하지 않다고 분류될 가능성이 높다. 제2의 아바(ABBA)나 프랑스 갈(France Gall)이 발굴될 확률은 낮다 아바와 프랑스 갈은 유로비전 송 콘테스트에서 수상하면서 두각을 나타냈다. – 역주.

자이언티즘

:: 더 커져도 될까? ::

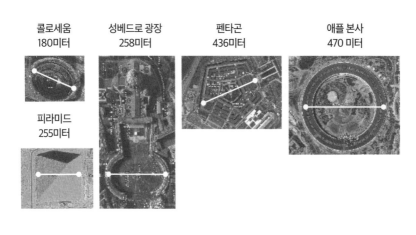

| 그림 6 | 건축물의 자이언티즘

콜로세움
180미터

성베드로 광장
258미터

펜타곤
436미터

애플 본사
470 미터

피라미드
255미터

출처 : 구글 지도를 바탕으로 자체 계산

아닌 게 아니라 사람들은 고대부터 자이언티즘에 매료되었다. 그
리스와 로마 제국은 거대한 위용을 자랑했으며 놀라운 창조물을 탄
생시켰다. 그 창조물을 통해 사람들은 힘을 느꼈고 인간이 신의 위치
에 다가가 천하무적이 된 듯한 느낌을 받았다. 하지만 이집트 피라미
드나 고대 로마의 콜로세움조차 오늘날의 구조물과 비교하면 규모가
초라하다. 현재 세계에서 가장 높은 건물은 아랍에미리트 두바이의
부르즈 칼리파다. 하지만 얼마 안 있으면 이웃 나라 사우디아라비아
의 제다 타워가 가장 높은 건물이 된다. 건설에 4년 이상 걸리는 제다

타워는 완공되면 높이가 1킬로미터 남짓이다. 제다 타워와 마찬가지로 사막에 건설되었으나 이집트에 건설되었다는 점이 다른 쿠푸의 피라미드는 높이가 147미터에 불과하며 20년 동안의 노역 끝에 완성되었다.

인류는 점점 비정상적이고, 더 크고, 더 인상적이고, 더 어려운 것을 지어내고 있다. 건축물만 높아지는 것이 아니라 인간이 사용하는 기계와 운송수단도 마찬가지다. 에어버스 A380에는 835명의 승객이 탑승할 수 있다. 1970년대에 보잉 747에는 에어버스 A380 대비 절반 수준인 416명의 승객만 탈 수 있었다. 세계 최대의 컨테이너선인 OOCL 홍콩은 길이가 400미터, 너비가 59미터이고 2만 1,400개의 컨테이너를 실을 수 있으며 무게가 총 20만 톤이다. 타이타닉의 길이는 269미터, 너비 28미터였으며 무게는 4만 6,000톤이었다.

규모의 확대는 더 큰 규모를 이루도록 자극한다. 큰 것을 만들려면 커다란 기계가 필요하다. 인간이 원자재를 더 많이 사용할수록 원자재를 처리하기 위해 더 큰 규모의 시설물을 만들어야 한다. 최대 규모의 선박을 건조하려면 이전보다 큰 드라이독과 수문, 항구가 필요하다. 제1차 세계대전 당시 독일군은 빅 버사Big Bertha, 독일식으로 '베르타포'라고 발음하기도 한다. - 역주라는 거대한 포를 사용했다. 그런데 빅 버사는 터널 굴착에 쓰는 8,000만 달러짜리 거대한 드릴의 별칭이기도 하다. 사실 버사라는 이름은 독일의 포에서 유래한 것이 아니며 미국 시애틀 최초의 여성 시장 이름이었다. 시애틀에서는 드릴 헤드로 터널의 최초 3킬로미터 구간을 굴착한 바 있다.

배거 293은 1995년 독일에서 제작된 거대한 채굴 기계인데 작동하는 데 다섯 사람이 필요할 정도로 거대한 기계다. 독일의 갈탄광에서 사용되는 이 채굴 기계는 무게가 1만 4,200톤에 달한다. 작동하는 데 16.5메가와트의 모터가 필요하고 그 크기는 길이가 225미터, 높이 96미터로 머릿속에 그려 보기 어려울 정도다. 배거 293을 사용하면 하루 21만 9,000톤의 석탄을 채굴할 수 있으며 최대 속도는 시속 28km다. 사실 속도는 불필요한 정보에 속하는데 이동을 위해 이 기계를 이용할 사람은 없을 것이기 때문이다. 점점 더 많은 원자재를 원하는 욕망이 아니라면 거대한 기계가 개발될 일도 없을 것이다. 거대한 기계는 우리가 자이언티즘의 시대에 살고 있음을 보여준다. 이 자이언티즘의 시대에 기계는 사람을 완전히 종속적이고 무시해도 되는 존재로 만들고 있다.

| 자이언티즘의 또 다른 징후, 집중도 |

규모는 자이언티즘을 가장 시각적으로 확인할 수 있는 지표이지만 여기에만 마음을 빼앗겨서는 안 된다. 눈으로 확인할 수 있는 현상 이면에서 많은 일이 진행되고 있기 때문이다. 집중도는 규모 면에서 두각을 나타낼 필요가 없는 영역에서 나타나는 자이언티즘의 징후다. 예를 들어 하나 또는 소수의 기업이 지나치게 많은 비중을 차지하는 현상인 독점과 과점은 경제가 불건전한 상태임을 나타낸다. 왜소한 거인이 거인들 틈에 있을 때는 눈에 띄지 않지만 일반인 사이에서는 두각을 나타내며 지배력을 행사할 수 있다. 다시 말해 틈새시장에서는 특정 행위자의 활동이 압도적인 영향을 미칠 여지가 있다는 얘기다.

규모를 측정하기가 쉽지 않은 경우도 있는데 이럴 때는 간접적인 기준을 살펴볼 필요가 있다. 집중도는 경제가 부적절한 상태임을 보여주는 훌륭한 간접 지표가 될 수 있다. '집중'은 소수의 거대 행위자들이 전체의 활동을 지배하고 규모가 작은 행위자를 밀어내는 현상을 의미한다. 그렇다면 집중도를 어떻게 측정할 것인가? 집중도와 '기업 규모'를 객관적으로 측정할 수 있는 방법에 대해서는 경제학자들의 의견이 엇갈린다. 과거에는 고용 인원의 숫자가 훌륭한 지표로 받아들여졌으나 기술 시대에는 평균적인 직원 수를 가진 기업이라도 활동 분야에서 얼마든지 지배력을 발휘할 수 있다.

활용할 수 있는 또 다른 기준으로는 부가가치가 있다. 안타깝게도 오랜 기간 부가가치를 기준으로 기업의 규모를 측정해온 분야는 제조업뿐이다. 갈수록 공업의 중요성은 크게 줄어들고 있으며 공업과 관련성이 덜한 기업의 부가가치를 측정한 기간은 최근 수십 년에 불과하다.

또 다른 방법은 이익의 집중도를 살피는 것이다. 미국에서는 포춘 500대 기업(가장 큰 500개 기업)의 이익 변화를 따져볼 수 있다. 이를 통해 미국 전체 기업의 이익에서 500대 기업의 이익이 차지하는 비중이 줄곧 50퍼센트 이상이었음을 알 수 있다. 하지만 이러한 대략적인 계산은 설득력이 떨어진다.

집중도는 심각한 사회적 결과를 일으키는 경제 질병인 자이언티즘이 나타나고 있음을 보여주는 중요한 징후이며 사회적 파장에 대해서는 앞으로 별도의 장을 할애하여 다룰 것이다. '챔피언스리그 효과'는 어떤 행위자가 특정 지위를 차지하여 결과적으로 진정한 경쟁을 사실상 불가능하게 만들며 나타나는 불건전한 집중 상태를 가리킨다. 갈수록 진입장벽이 높아지기 때문에 신규 진입자는 자력으로 챔피언의 수준에 도달하기 전에 희생되고 만다.

연구자들은 심도 깊은 연구를 통해 지난 20년 동안 미국의 75퍼센트 부문에서 집중도가 심화되었다는 결론에 도달했다. 또한 집중도가 가장 두드러지게 나타난 부문에서 이익이 더 늘고 수익성 좋은 인수합병이 진행됐음을 발견했다. 반면 운영 면에서는 효율성이 크게 개선되지 않아 주로 시장지배력을 확대함으로써 기업 이익을 증가시켰다는 사실이 드러났다. 연구자들은 집중도가 심해졌고 이로 말미암아 경쟁이 줄었다는 명백한 증거가 있다고 결론 내렸다.

연구개발(R&D)은 미래 경쟁력을 위한 기초다. R&D 지출은 미래 힘의 균형에 대한 지표를 제공한다. 브뤼셀의 싱크탱크 브뤼헐과 라인힐드 베겔러스(Reinhilde Veugelers) 교수가 최근 수행한 연구에 따르면 R&D에서도 극도의 집중이 진행되고 있다. 전 세계에서 1퍼센트에 해당하는 기업이 R&D의 4분의 1을 수행하고 있다. 바이오제약업, 정보통신기술(ICT) 분야에서 특히 집중도가 높으며 일부는 자동차 부문에도 적용된다.

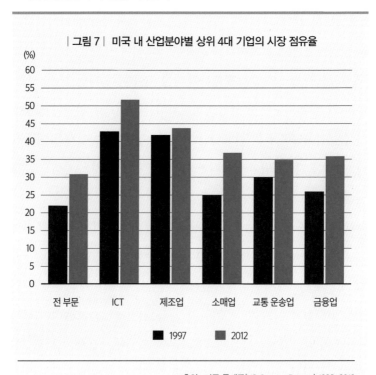

| 그림 7 | 미국 내 산업분야별 상위 4대 기업의 시장 점유율

출처 : 미국 통계국(US Census Bureau) 1992-2012

이는 대기업이 선두 자리를 지키기 위해 막대한 R&D 예산을 투입할 것임을 알 수 있게 한다. 규모는 작지만 성공을 거둬 조만간 두각을 나타내는 시장 참가자들은 대기업 인수합병의 손쉬운 먹잇감이 된다.

다시 말하지만 유럽은 진정으로 거대한 기업을 덜 배출했고 집중도

자이언티즘

:: 소수의 기업들이 전체 R&D의 거의 대부분을 차지한다 ::

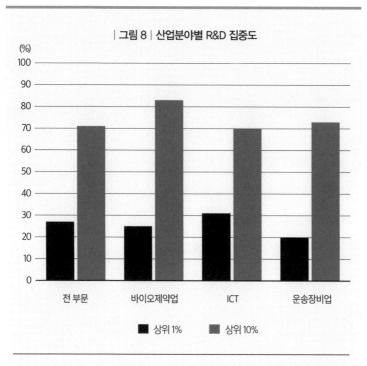

| 그림 8 | 산업분야별 R&D 집중도

(%)

전 부문   바이오제약업   ICT   운송장비업

■ 상위 1%   ■ 상위 10%

면에서도 정도가 덜한 모습을 보인다. 연구(Döttling et al., 2017년)에 따르면 유럽의 여러 부문에서 집중도는 아직 현저한 수준이 아니다. 유럽에서 집중도가 약화되는 것처럼 보이는 이유에 대해 설명을 덧붙이면, 연구자들은 강력한 규제완화와 엄격한 반독점법이 그 원인이라고 돌린다.

| 파생적 증상, 임금의 감소 |

여기에서 우리는 자연스럽게 자이언티즘의 세 번째 측면, 즉 규모가 집중도를 높인다는 점을 주목하게 된다. 집중도가 높으면 경쟁이 약화되고, 이익과 수익성이 향상되는 반면 임금과 연봉은 낮아진다. 유일한 예외가 있다면 대기업에서 평균 임금보다 더 높은 임금을 지급할 수 있는 경우다.

국제통화기금(IMF)이 이윤을 계산한 결과를 보면 1980년대 이후 대기업의 영향력이 막대하게 증가했다. 조사 결과는 대기업에서 이익 증가폭이 다른 기업보다 훨씬 더 크다는 사실을 보여준다. IMF는 이것이 대기업의 지배적인 위치가 강화되었음을 보여주는 증거라고 풀이한다. IMF의 지적은 미국뿐 아니라 서양의 산업화된 지역 전체에 동일하게 적용할 수 있다.

특히 IMF가 개발도상국에서 이익과 시장지배력 증가 현상이 나타나고 있음을 아직 발견하지 못했으나 유럽, 미국, 일본과 같은 선진 경제에서 일어나는 전형적인 현상으로 확인했다는 사실은 주목할 만하다. 또한 IMF의 연구는 집중도가 높아지는 효과가 최근 들어 크게 가속화되었음을 잘 보여준다. 이는 자이언티즘의 영향이 본격적으로 나타나고 있음을 보여주는 결과일 수도 있다.

경제학자들이 관찰한 또 다른 중요한 효과는 세계화가 '슈퍼스타급 기업'에게만 유리할 뿐, 부가가치에서 노동이 차지하는 몫이 줄고 있으며 앞으로도 이 추세가 이어진다는 것이다. 독자들도 직관적으로

:: 초대형 기업들이 더 많은 수익을 낸다 ::

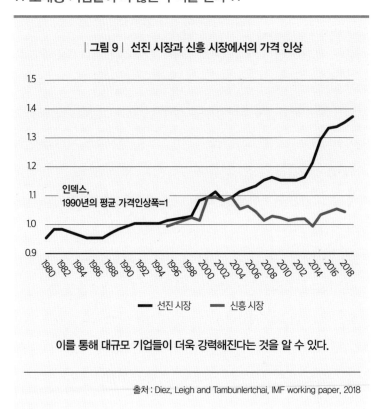

| 그림 9 | 선진 시장과 신흥 시장에서의 가격 인상

인덱스,
1990년의 평균 가격인상폭=1

—— 선진 시장   —— 신흥 시장

이를 통해 대규모 기업들이 더욱 강력해진다는 것을 알 수 있다.

출처 : Diez, Leigh and Tambunlertchai, IMF working paper, 2018

알아차렸겠지만 인터넷 공룡 기업인 아마존과 같은 기업은 이미 월마트 그룹보다 훨씬 더 적은 직원을 동원해 동일한 업무를 소화한다. 하지만 연구자들은 자이언티즘으로 인한 이 특별한 효과가 매우 다양한 부문에서 유사한 효과를 내고 있음을 발견했다. 다시 말해 자이언티즘은 노동의 요소가 미치는 영향력을 줄여 이익을 증가시킨다.

수익성 증대에 딴지를 걸고 싶은 게 아니다. 하지만 유리한 위치를 차지한 결과 이익이 발생했다면 경제에 장기적으로 해로운 영향을 끼친다. 특정 기업이나 영역에서 고용이 감소하는 것을 나쁘다고 볼 수도 없다. 다른 영역에서 일자리가 창출될 수도 있다. 대기업이라고 무조건 최고의 임금을 줘야 한다는 말도 아니다. 그럼에도 불구하고 자이언티즘으로 인한 지배적인 위치는 '고용 관계에서 지배적인 위치'와 같이 파생적 증상을 만들어낼 수 있다. 최근 아마존은 미국 직원들의 최저 임금을 인상했는데 이러한 비판을 의식한 조치가 분명해 보인다.

2장에서는 임금과 근로 조건의 몇 가지 측면에 대해 다룰 것이다. 자이언티즘은 사회적으로 영향을 미치며 우리는 이에 대해 알아야만 한다. 자이언티즘을 게임의 규칙으로 받아들인다면 그 결과도 인식하고 받아들여야 한다. 사회적 동향과 자이언티즘의 대두 사이에 항상 연관성이 있는 것은 아닐 수 있다. 따라서 연관성을 염두에 두고 사회적 동향을 분석할 것이다.

미국 기업의 수익성에 대한 연구는 비정상적인 수준의 이익에 관심을 집중시켰다. 수익성이 매우 높은 기업(상위 10퍼센트의 대기업, 그림 10 참고)은 다른 모든 기업보다 훨씬 많은 이익을 거두며 이러한 동향은 21세기 들어 급격히 두드러졌다. 이익의 비정상적인 증가는 현재 미국 경제에서 집중도와 힘의 균형이 파악 불가능한 수준으로 왜곡되어 있음을 보여준다. 소기업의 수익성은 낮은 수준에 정체되어 있는 반면 대기업의 수익성은 매우 높은 증가세를 보인다. 기업 간 불

:: 초대형 기업들이 더 많은 수익을 기록한다 ::

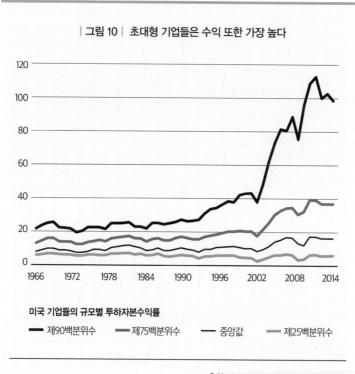

| 그림 10 | 초대형 기업들은 수익 또한 가장 높다

미국 기업들의 규모별 투하자본수익률

■ 제90백분위수 ■ 제75백분위수 ― 중앙값 ■ 제25백분위수

출처 : Furman and Orszag 2015, Koller,
Goedhart and Wessels 2015, McKinsey and Co.

균형은 우려스러울 정도다.

자이언티즘을 입증할 또 다른 증거를 만들어주려는 듯 대기업이 소기업을 경제의 주변부로 밀어낸다는 징후가 계속 발견되고 있다. 신생 기업의 숫자는 미국과 유럽 모두 감소세다(그림 11 참고). 이는 경제의 역동성이 떨어지고 독점이나 과점의 위치를 차지한 기업 수가 꾸

:: 대기업들이 중소기업을 몰아낸다 ::

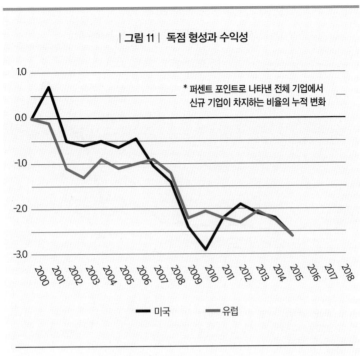

| 그림 11 | 독점 형성과 수익성

* 퍼센트 포인트로 나타낸 전체 기업에서
신규 기업이 차지하는 비율의 누적 변화

━ 미국　　━ 유럽

출처 : OECD "Declinig business dynamics" by Calvino, Verlhac, Criscuolo.

준히 증가하고 있음을 뜻한다.

　비정상적으로 높은 이익은 경제에서 자이언티즘의 영향력을 다시
한 번 확인시켜주며 특히 미국과, 유럽에서는 미국보다는 약한 수준
으로 IT와 제약 등 몇몇 부문에서 두드러진다(그림 12 참고).

　　　　　　　　　　　　　　　　　　　　　　자이언티즘

:: 자이언티즘이 가져온 비정상적인 수익 ::

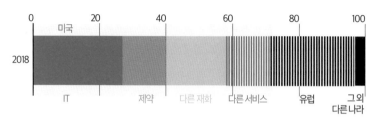

| 그림 12 | 전 세계의 비정상적인 수익 내역

비정상적인 수익 = 상위 5,000개 상장기업을 대상으로 계산한
순 과세이익(자본비용 8% 이상, 영업권 제외)

비정상적인 수익은 특히 미국적인 현상이며 주로 IT와 제약 기업에서 볼 수 있다.

출처 : 블룸버그(Bloomberg)

| 결론 |

인류 역사에서 자이언티즘의 예는 언제나 존재했다. 오늘날 다른 점이 있다면 자이언티즘이 도처에서 발견되며 우리가 이를 즉시 알아차리지 못하고 심지어 전혀 문제가 없다고 생각하는 경우도 있다는 것이다. 한 발 물러나 자이언티즘으로 발생하는 증상을 살피거나 누군가가 자이언티즘을 지적한 뒤에야 비로소 이것이 우리 경제와 사회를 지배하고 있음을 알아차릴 정도다.

경제적 결과는 광범위한 영향을 미치며 이익, 주가, 지역 간 힘의 균형, 임금과 자본소득의 관계에 영향을 미친다. 대기업은 더 많은 이익을 창출하며 더 높은 수준의 임금을 지급한다. 대기업은 기업의 역동성을 떨어뜨릴 뿐 아니라 혁신을 줄이고 소기업의 성장을 방해한다.

미국과 중국이 기업의 자이언티즘을 부추긴다면 유럽은 기업의 자이언티즘에 맞서는 모양새다. 그 결과 유럽에는 상대적으로 규모가 작은 다국적 기업이 포진하게 되었고 다른 지역의 기업에 지배당하는 처지다. 하지만 정작 유럽에서는 정부가 지속적으로 몸집을 키우는 문화가 있으며 사회보장은 EU 이외의 국가와 비교해 규모가 훨씬 크다. 유럽에서 정부는 전통적인 자립을 대체했으며 모든 분야에서 이러한 현상이 발견된다. 지금 느슨한 연대를 추구해야 한다고 주장하는 것이 아니다. 다만 필자는 정부보다는 지역 사회, 가족, 친구가 조직하는 형태의 연대가 더 바람직하다고 생각한다. 현재 정부는 효율적이고 저렴하게 이용할 수 있고 인간미가 있던 서비스를 제도화하고 있다. 유럽에서는 가장 거대하고 돋보이는 건물을 공공기관이 차지하고 있다. 프랑크푸르트의 유럽중앙은행, 브뤼셀과 스트라스부르의 유럽연합을 비롯해 여러 EU 회원국의 공공기관이 그 예다. 미국에서는 권력이 대기업에 있다면 유럽에서는 대규모 공공기관에 있는 셈이다.

사람들이 갈수록 많은 자원을 원하는 욕구가 충족되면서 엔지니어들은 지구의 자원을 수탈하기 위해 점점 더 거대한 기계를 만들고 있다. 한편으로는 전 세계의 지배자들이 자이언티즘을 추구하는 개인

자이언티즘

적인 욕망을 드러내며 남근 모양의 고층 건물을 경쟁적으로 올리고 있다.

규모와 크기가 경제에 미치는 이점은 매우 중요한 의미가 있으며 과거에는 많은 유익을 안겨주었다. 지금도 규모의 경제가 우리에게 도움을 주지만 균형이 완전히 깨졌으며 규모의 경제가 낳은 부정적인 결과에 충분한 주의를 기울이지 않고 있다. 때때로 규모가 클 때 얻게 되는 이점이 과장되는데 그 이점이란 특정 수준까지만 유효하다. 필자는 규모의 경제를 부인하는 것이 아니다. 그저 규모의 경제의 중요성이 과도하게 부풀려진 점, 특히 경제적 유익을 완전히 무효로 만들 수 있는 사회적, 생태적 문제를 충분히 고려하지 않는 태도가 우려스럽다.

GIANT
ISM

2장

자이언티즘을 촉진하는
성장 호르몬

GIANT ISM

big, bigger, biggest(크게, 더 크게, 가장 크게). 우리 경제 시스템은 대형화를 강력하고 불균형적으로 추구하도록 부추긴다. 대형화를 추진하는 것은 이익의 최대화와 비용의 최소화를 위해서라도 중요한 임무가 되었다. 어느 정도까지는 의도치 않은 결과일 수 있겠지만 적어도 일부분은 대기업 경영진, 정책에 강한 입김을 불어 넣는 로비스트들이 교묘하게 조종한 결과다. 여기에 악의적이고 은밀한 의제가 숨어 있다고 볼 필요는 없다. 일루미나티Illuminati, 18세기 바이에른 선제후국에서 설립된 비밀결사 단체로 현대에도 각종 음모론에 등장한다. - 역주나 프리메이슨, 로스차일드 가문이 꾸미는 음모가 아니다. 굳이 음모론에 기대지 않아도 된다. 자이언티즘을 조장하는 자극은 도처에서 발견된다.

경제 이론의 창시자 중 한 명인 애덤 스미스(Adam Smith)는 이미 대기업과 경쟁의 부재에 대해 우려했다.『도덕감정론(1759년)』,『국부론(1776년)』을 집필한 스미스는 기업의 영향력에 계속 관심을 기울였다. 그는 강력한 기업이 경제의 올바른 작동에 위협요인이 되리라고 생각했다. 250년 후 경제는 과열 상태에 이르렀고 조직은 비인간적인 크기로 커졌으며 경제와 사회뿐 아니라 기후 등 다른 분야에까지 해로운 영향을 미치고 있다.

'크게, 더 크게, 가장 크게'를 추구하는 것이 바람직하지 않음을 이해하기 위해 우리는 자본주의의 뿌리로 돌아가야 한다. 자본주의는 경쟁의 부재, 즉 소수 기업이 지나치게 많은 권력을 차지하는 최악의 상황과 맞서 싸우기를 잊은 게 분명하다. 하지만 이는 자본주의 체제만의 문제는 아니다. 인간, 그리고 인간을 행복하게 만드는 일에 대한 질문인 동시에 대규모의 사람을 희생시켜 소수를 이롭게 하는 경제에 대한 의문이기도 하다. 자이언티즘을 만든 이 시스템의 사회적 측면을 살피는 일은 이 분석에서 중요한 위치를 차지할 것이다. 사람을 더 행복하게 만들고 과잉을 허용하지 않는 인간적인 규모의 경제야말로 우리가 추구하는 목표다.

2장에서는 무엇이 자이언티즘을 자극하는지 살펴보고 몇 가지 결론을 도출할 것이다. 이 분석은 자이언티즘의 시곗바늘을 되돌리는 일은 차치하고 멈추는 일조차 그리 간단치 않은 이유를 이해하는 데 중요하다. 자이언티즘은 온갖 체제에 광범위하게 퍼져 있으며 때로는 규제의 형태로 모습을 탈바꿈하거나 시스템의 한 부속이 되어 깊이 자리를 잡았다. 오직 여러 분야에서 활동하는 행위자가 이 현상을 철저히 이해해야만 자이언티즘을 점진적으로 (바라건대 나중에는 더 빠른 속도로) 종식시킬 수 있다.

| 40년간의 금리 인하 : 세계 최대의 지렛대 |

그림은 천 마디 말보다 더 많은 것을 보여준다(그림 13 참고). 1980년 이래 세계 모든 곳에서 금리가 거의 지속적으로 하락했다. 1980년 세계의 금리는 13퍼센트 수준이었다. 그런데 2018년에는 2퍼센트에 못 미쳤다. 유럽과 일본에서는 1퍼센트를 하회한다. 최근에는 제로 금리마저 마지노선이 아닌 것으로 드러났다. 순수하게 개념적으로 보자면 건전한 자본주의 체제와 전혀 어울리지 않는 상황이다.

금리 하락은 지난 40년 동안 자이언티즘과 더불어 중요한 추세이자 결과였다. 1970년대에 석유 파동 등으로 급격히 상승했던 물가가 하락하며 금리도 동반 하락했다. 하지만 중앙은행이 금융시장에서 갈수록 중요한 영향을 미쳐왔다는 점도 간과할 수 없다. 중앙은행은 금융시장과 경제에 개입하며 정책을 조정했다. 중앙은행이 이 과정에서 사용한 강력한 무기가 금리 정책이다. 미국의 앨런 그린스펀(Alan Greenspan), 벤 버냉키(Ben Bernanke), 유럽의 마리오 드라기(Mario Draghi)와 같은 중앙은행장은 당장은 이게 최선이라며 체계적으로 금리를 낮췄다. 곪는 상처는 나중 문제였다.

금리 인하는 미래의 이익을 앞당겨 미리 사용하고 부채를 먼 훗날

:: 이자율 하락으로 인한 지렛대 효과 ::

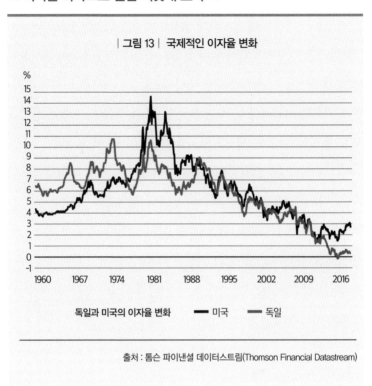

| 그림 13 | 국제적인 이자율 변화

독일과 미국의 이자율 변화　━ 미국　━ 독일

출처 : 톰슨 파이낸셜 데이터스트림(Thomson Financial Datastream)

로 미루는 것을 의미한다. 어떻게 그게 가능한가? 금리가 하락하면 돈 빌리기가 쉬워진다. 기업, 가계, 정부는 상품과 서비스를 구입하기 위해 더 많은 빚을 낼 수 있다. 만약 돈을 빌릴 수 없다면 구매를 하기 위해 저축을 하거나 수입이 증가할 때까지 기다려야 한다. 물론 저금리 상황에서는 기업과 정부가 투자를 늘릴 수도 있으니 좋은 일이다. 하지만 생산과잉이 발생하면 상황이 악화된다. 게다가 값싼 자금을 활용하면 비생산적인 투자를 결정할 수도 있다. 사용하지 않을 큰 빌딩을 짓거나 유령 도시를 건설하는 등 자원을 낭비한다.

중앙은행의 계획에 따라 금리를 끌어내리는 조치가 만병통치약처럼 보일 수 있지만 사실은 그렇지 않다. 오로지 이익과 부채의 시점, 투자 기회를 이동시킬 뿐이다. 성장, 소비 등 좋은 일은 빨리 일어나고 부채 상환, 과소비, 생산과잉 등 나쁜 일은 나중에 일어난다.

저금리에는 부작용도 있다. 기업과 가계에 지렛대 효과를 일으킨다. 금리가 인하되면 기업의 차입 비용이 하락한다. 절감한 비용은 투자에 쓰이거나 직원의 임금 인상, 가격 인하와 같은 다른 용도에 사용될 것이다. 혹은 돈을 더 빌릴 수도 있다. 이자는 금리가 인하되기 전과 동일한 수준으로 맞춘다. 그러나 빌린 돈의 액수는 커진다. 실제로 이런 현상이 종종 벌어지면서 기업, 가계, 정부의 부채가 급증하고 있다.

저금리 조치는 경제에 금지 약물을 주입하는 셈이다(표 5 참고). 금지 약물과 마찬가지로 저금리는 중독성이 있고 건전성에 부작용을 일으킨다. 단기간에 긍정적 효과를 만들 수 있지만 장기적으로는 부작용을 일으킬 수 있으며 경쟁을 왜곡시킨다. 자연 상태의 능력과 균형에만 의지해서는 경쟁할 수 없는 사람으로서는 유혹을 참기 힘들다.

금리를 7퍼센트에서 1퍼센트로 낮추면 7배 더 많은 빚을 낼 수 있다. 기업, 정부, 소비자는 7배 더 많은 돈을 빌리면서도 이자 부담은 그대로다. 물론 이자 부담이 아니라 결과적으로 원금을 상환하는 것이 문제이며 누적채무의 위험이 발생한다.

:: 낮은 이자율이 대출을 늘린다 ::

| 표 5 | 이자와 대출

이자율이 2%에서 1%로 하락하면 차입능력이 두 배로 늘어난다.

대출금	이자율	이자비용
100	7%	7
116	6%	7
200	3.5%	7
300	2.5%	7
350	2%	7
400	1.75%	7
500	1.4%	7
600	1.25%	7
700	1%	7

표 5를 보면 채무는 직선이 아니라 곡선을 따라 기하급수적으로 증가한다. 금리가 7퍼센트에서 6퍼센트로 하락할 경우 차입능력은 16퍼센트 증가한다. 하지만 금리가 2퍼센트에서 1퍼센트로 하락하면 차입능력은 100퍼센트, 즉 두 배 증가한다. 유로화로 바꾸어 말하면 금리가 7퍼센트에서 6퍼센트로 하락할 경우 차입능력은 16유로 증가한다. 하지만 금리가 2퍼센트에서 1퍼센트로 하락하면 차입능력은 350유로에서 700유로로 올라간다. 이제 지렛대 효과가 차입 국가(미국 또는 대다수의 유럽 국가)와 기업(손쉽게 차입이 가능한 대기업)에 미치는 영향을 상상하기 어렵지 않을 것이다. 부채로 막대한 자금을 확보

한 국가와 기업은 합병을 추진할 수 있게 된다.

저금리 대출이 가능해진 기업은 규모가 더 큰 합병을 진행하면서도 이자는 조금만 낸다. 대기업은 소기업보다 더 낮은 금리를 적용받는다. 은행을 비롯한 금융 시장에서는 중소기업(SME)의 위험이 더 크다고 간주하여 금리에 불이익을 준다. 중소기업의 채권은 금액이 더 작아 거래가 쉽지 않고 고정 비용이 더 많이 든다. 따라서 대기업일수록 더 큰 레버리지 효과를 누린다.

2007~2008년 금융위기 이후 많은 중앙은행이 소위 '바이백 프로그램(buy-back program)'을 통해 국채뿐 아니라 기업의 부채를 조기환매를 했다조기환매란 채권 등을 판 사람이 만기 전에 다시 사는 것으로, 결과적으로 상환일 전에 빚을 갚는 것을 말한다. – 역주. 이러한 유형의 채권은 대기업에만 존재하기 때문에 중앙은행은 바이백 프로그램을 통해 채권을 새로 발행하여 자금을 공급할 수 있고, 대기업 집단은 인수합병에 드는 자금을 확보할 수 있다. 정책이 '크게, 더 크게, 가장 크게'를 조장하고 자이언티즘을 부추기는 단적인 예다.

인수합병(M&A) 건수는 최근 수십 년 동안 급격히 증가했다. AB 인베브, 페이스북, 구글, 마이크로소프트와 같은 기업은 다른 대기업을 흡수하면서 비대해졌다. 대기업은 끊임없이 크고 작은 합병을 진행하며 합병만 전담하는 부서가 따로 있는 경우도 있다. 예로 들면 벨기에의 양조 회사인 AB 인베브의 경우, 비교적 단기간에 맥주 공룡 기업으로 성장했는데 앤호이저-부시, 인터브루, 코로나, SAB밀러를 거느리고 있다. 이 기업의 확대는 초저금리를 활용해 부채로 자금을 조달한 덕분에 가능했다.

이 같은 현상은 거의 모든 부문에서 진행되었다. 지난 150년의 역사를 자세히 살펴보면 대형 인수합병이 최근 40년에 집중되어 있을 뿐 상당 기간 존재하지 않았던 현상임을 알 수 있다(그림 14 참고).

과거 수백 년 동안 진행된 대규모 합병의 목록이 이를 단적으로 보여준다(표 6 참고). 최근 들어 최대 규모의 인수(오늘날 달러 가치로 환산, IT 버블 정점에서 일어난 AOL의 인수는 예외)가 진행되었으며 대규모 거래의 건수도 급증했다. 이는 금리라는 자극제와 부채 레버리지로 기대할 수 있는 효과이며, 특히 대기업에서 그 효과가 두드러졌다.

:: 치명적인 매력 :
기업 인수합병은 특히 최근 수십 년 사이에 나타난 현상이다 ::

| 그림 14 | 1900~2018년 사이의 기업 인수합병 거래

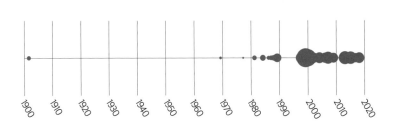

2017년 가격 기준으로 전 세계의 100억 달러 이상의 기업 인수합병 거래.
동그라미의 크기는 인수합병 거래의 규모를 나타낸다.

출처 : 위키피디아의 최대 기업 인수합병에 관한 목록을 바탕으로 자체 계산

| 표 6 | 1900-2018년 동안의 주요 기업 인수합병

연도	기업명	인수합병 대상기업	가치 (단위 : 10억 달러, 2017년 기준)
1901	US 스틸	카네기 철강회사	14
1969	제록스	사이언스 데이터 시스템	6
1977	아틀란틱 리치필드 컴퍼니	아나콘다 구리	3
1981	듀폰	코노코	20
1984	캘리포니아 스탠다드 오일	걸프 오일	31
1987	BP	오하이오 스탠다드 오일	17
1988	필립 모리스	크래프드 푸드	27
1989	콜버그 크래비스 로버츠	RJR 나비스코	61
1997	월드컴	MCI 커뮤니케이션	64
1998	액슨	모빌	116
1998	씨티그룹	트래블러스 그룹	110
1998	벨 아틀란틱	GTE	80
1998	BP	아모코	80
1999	보다폰 그룹	만네스만	297
1999	화이자	워너-램버트	164
1999	보다폰 그룹	에어터치 커뮤니케이션스	88
1999	퀘스트 커뮤니케이션스	US 웨스트	71
2000	AOL	타임 워너	234
2000	글락소 웰콤	스미스클라인 비첨	108
2001	컴캐스트 코포레이션	AT&T 브로드밴드	100
2002	화이자	파마시아	81
2004	J.P.모간	뱅크 원	76
2006	AT&T	벨사우스 코퍼레이션	88
2008	인베브	안호이저 부쉬	59
2009	화이자	와이어스	78
2015	다우 케미칼	듀폰	134

자이언티즘

2015	안호이저 부쉬 인베브	SAB밀러	134
2015	하인즈	크래프트	103
2015	델	EMC 코퍼레이션	69
2015	브리티시 아메리칸 토바코	R.J. 레이놀즈	63
2016	린데	프렉스에어	85
2016	바이엘	몬산토	60
2016	켐차이나	신젠타	44
2016	샤이어	박살타	35
2016	소프트뱅크	암 홀딩스	33
2016	마이크로소프트	링크드인	27
2018	AT&T	타임 워너	95
2018	월트 디즈니사	21세기 폭스	80
2018	다케다제약	샤이어	62
2018	컴캐스트 코퍼레이션	스카이	39
2018	IBM	레드햇	34
2018	보다폰 그룹	리버티 글로벌	22

출처 : 자체 연구(1900~2018년 사이의 인수합병에 관한 일반자료를 바탕으로 100억 달러 이상의 거래나 10년 간격으로 가장 큰 규모의 거래를 선택함)

그 사이에 우리는 초대형 합병 소식에 둔감해졌다. 더 이상 해당 기업이 건전한지, 자본주의 체제에서 이러한 거래가 정상인지, 브레이크가 필요한 건 아닌지 의문을 제기하지 않는다.

이와 같은 거래로 엄청난 돈을 거머쥔 주체들이 늘었다. 정부조차 점점 국익을 따지는 경향을 보이고 있다. 정부가 인수합병을 중단시킬지 말지를 결정하는 근거는 더 이상 옳고 그름이 아니다. 오직 국

: : 기업 인수합병의 쓰나미 : :

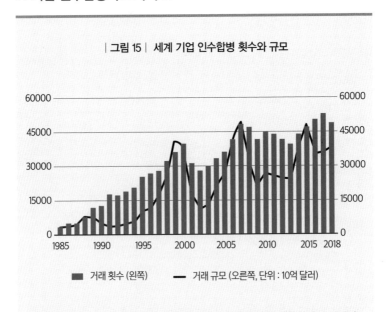

| 그림 15 | 세계 기업 인수합병 횟수와 규모

■ 거래 횟수 (왼쪽)　　— 거래 규모 (오른쪽, 단위 : 10억 달러)

지난 20년간 기업 인수합병 거래의 횟수와 규모는 증가해 왔다. 2000년 이래로 790,000건 이상의 인수합병 거래가 있었는데, 총 거래의 규모는 60조에 이른다.

익이다. 반면 직원, 고객, 공급업체 또는 새로운 경쟁자가 누려야 할 이익을 옹호하는 사람은 없다. 유럽, 특히 미국에서 자유 경쟁이 위협을 받고 있다고 주장하는 경우는 드물다. 인수합병 이후 소규모의 (상징적인) 사업 부문을 평화의 제물삼아 매각해야 하는 경우도 있지만 거래 자체는 유효하다. 이러한 방식으로 말미암아 자유 시장의 모습은 최근 수십 년 동안 빠른 속도로 완전히 변질되었다.

　　　　　　　　　　　　　　　　　　　자이언티즘

대형 인수합병 중에서 몇몇 건은 규모의 경제 또는 시너지 효과를 앞세워 성사되었다. 다시 말해 최고 경영자들은 '1+1'이 '2'가 아니며 별개의 두 기업을 합병한 결과는 부분의 합을 더한 것보다 더 크다고 확신한다. 시너지는 규모의 경제 실현으로 인한 비용 절감 외에 매출이 추가적으로 발생하는 데서도 찾을 수 있다. 합병 기업이 상품을 더 많은 시장에서 판매할 수 있게 되기 때문이다. 예를 들어 시장 다변화 효과가 나타나거나 규모가 더 커진 합병 기업 내에서 다양한 지식이 공유되며 효력을 발휘하는 식이다.

하지만 컨설팅 기업인 베인앤컴퍼니의 연구에 따르면 인수를 하는 기업의 70퍼센트는 시너지 효과를 과대평가하는 경향이 있다. 인수합병으로 창출된 실제 가치에 의문이 제기되는 경우가 많으며 특히 내부의 컨설턴트보다는 학자들이 그러한 의문을 주로 제기한다. 경영 저널인 〈하버드 비즈니스 리뷰〉에 따르면 전체 인수합병의 60퍼센트는 실패로 막을 내린다. 심지어 실패율이 83퍼센트까지 나타나는 학계 연구도 있다.

시너지는 인수합병을 추진하는 가장 중요한 이유로 종종 거론된다. 최고경영자(CEO)는 자신을 '제국의 건설자'로 믿으면서 더 큰 기업을 구축하려고 한다. 보너스나 옵션 시스템이 이를 부추기는 경우가 많다. 지난 수십 년 동안 많은 기업이 자기도취적인 CEO의 인도에 따라 몸집을 불렸다가 결국 자멸하고 말았다. 아마 덱시아, 타이코, 포티스, AOL 타임워너, 도이치뱅크, 다임러크라이슬러가 머릿속에 떠오를 것이다. 오늘날의 저금리 자금이 자신감이 과도한 CEO

의 손에 들어가면 건전한 기업을 자멸시키는 무기가 된다.

(지나치게) 낮은 금리와 자유롭게 이동하는 자금으로 인수합병의 실탄을 확보하게 되면서 발생하는 또 다른 결과는 기업이 아주 오랫동안 손실 상태를 유지할 수 있다는 점이다. 이는 기업이 다른 기업 또는 부문 전체의 활동을 완전히 와해시키고는 홀로 생존하여 독점에 가까운 상황을 누리는 새로운 비즈니스 모델을 형성했다. 우버, 아마존, 잘란도, 넷플릭스가 떠오르는 모델이다. 이러한 경제적 접근은 자본 비용이 훨씬 크고 경제에 유동성이 풍부하지 않았을 때는 시도할 수 없었다. 하지만 신종 덤핑 행위를 가능케 하는 현재의 경제 규정에 대해 누구도 책임을 지지 않는 실정이다. 미디어, 소매 부문, 광고는 빙산의 일각이며 대다수의 부문이 거대 기업이 일으키는 가격 전쟁에 휘말릴 수 있다. 우선 이들은 마진을 파괴하여 다른 기업을 시장에서 몰아낸 다음 황량한 경제 벌판을 홀로 차지한다.

| 세계화 |

최근 수십 년 동안 점진적으로 진행된 세계화 또한 자이언티즘을 강하게 부추기는 요인이다. 세계 경제는 서유럽, 미국, 일본 간의 삼각 게임이었으나 중국을 비롯한 기타 아시아 국가, 장벽이 무너진 이후 동유럽 전체가 편입되면서 완전히 다른 차원의 글로벌 경제로 탈바꿈했다. 더 큰 경기장에서는 몸집이 더 큰 선수들이 뛴다. 유럽의 통합으로 은행 부문에서 이러한 현상이 나타났으나 사실 지역과 시대를 불문하고 발견되는 현상이다. 세계화는 자이언티즘에 장착된 대형 엔진이나 다름없다.

예를 들어 유럽연합, 유로, 유로존은 미국에 필적하는 내부 시장을 조성하여 더 큰 기업을 만든다는 목적으로 설립되었다. 잘못된 판단은 아니지만 '규모'가 구체적으로 추진하는 목적이자 자이언티즘의 중요한 동인이었음을 알 수 있다. 유로존이 없었다면, 즉 유럽중앙은행(ECB)이 글로벌 금융회사를 만들기 위해 맹목적으로 촉진 정책을 허용하거나 개발하지 않았다면 유럽에는 (오늘날 잘 알려져 있는) 2008년의 대마불사 문제를 일으킨 기가뱅크가 더 이상 존속하지 못했을 것이다. 도이치 은행, BNP파리바, 소시에테제네랄, 그 밖의 은행은 골드만삭스, JP모간, 모건스탠리의 주도권 전쟁에 대항하기 위해 애썼다.

사실 세계화는 자유 무역의 긍정적 영향으로 발생한 결과이며, 어떤 경제학자도 자유 무역에 반대하지 않는다. 국가가 무역을 하고 경쟁 우위에 있는 분야를 특화하면 모든 교역 상대에게 이롭다. 하지만 많은 분야에서 그 결과가 철저히 과소평가되었거나 최소한의 필수 지침이 제공되지 않았다. 자유 무역의 영향에 걸맞은 규칙과 사회보장과 같은 보호 장치가 없으면 왜곡이 발생한다. 경제학자의 단순한 모델에는 사회보장이나 제품안전 기준, 이산화탄소 배출은 빠져 있다.

자이언티즘은, 세계화가 환경, 사회에 미치는 악영향과 더불어 만들어낸 또 하나의 부작용일 뿐이다. 앞으로 해결책에 대해 이야기하겠지만 필자는 반세계화를 찬성하는 주장은 펼치지 않을 것이다. 그렇지만 반세계화주의자들의 주장에 관심을 기울여왔다. 이들은 필사적으로 전체 시스템을 거부하는데 이는 마치 빈대 잡으려다 초가삼간 태우는 격이다. 이들과 반대로 우리는 세계화를 중시하면서도 동시에 지역 단위에서 충분한 노력을 기울일 수 있다. 아무튼 다국적 기업은 세계화의 주요 수혜자였으며 이들의 규모, 성장률, 이익, 영향력은 국경 개방과 무역 지도의 확장에 힘입어 막대하게 커졌다. 인수합병을 활용하거나 혹은 자기 힘을 써서 세계 시장에서 외연을 확장하는 데 성공한 기업은 그 영향력과 규모가 산술급수적인 수준 이상으로 증가했다. 이에 따라 기업은 현지 플레이어와 글로벌 챔피언으로 나뉘었고 전자는 점차 후자의 먹잇감이 되고 있다.

| 점점 더 세금을 적게 내는 대기업 |

1980년 이래 진행된 금리 인하를 묘사한 한 장의 그림(그림 13 참고)이 계속 눈앞에 아른거린다. 그 위로 또 한 장의 그림이 겹친다. 전 세계에서 진행되는 법인세 인하가 그것인데 금리 인하의 복사판 수준이다(그림 16 참고). OECD 국가에서 평균 법인세율은 제2차 세계대전 이래 절반 수준으로 떨어졌다. 법인세율은 2008년 금융 위기 이후 지속적으로 하락했으며 IT를 비롯한 일부 업종에서는 평균 법인세율이 더 낮다.

자이언티즘

:: 대기업들은 항상 세금을 적게 낸다 ::

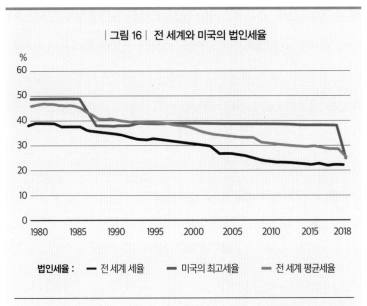

| 그림 16 | 전 세계와 미국의 법인세율

법인세율 : ── 전 세계 세율 ── 미국의 최고세율 ── 전 세계 평균세율

출처 : PWC, KPMG, 딜로이트(Deloitte)의 데이터에 기초한
택스 파운데이션(Tax Foundation)

| 표 7 | 수익에서 법인세가 차지하는 비율

OECD		미국			
1980	2019	1950	1985	1995	2019
50%	25% 미만	50%	40%	30%	20%

출처 : 자체 연구

전 세계적인 법인세율 하락에는 몇 가지 요인이 있다. 가장 중요한 요소는 세계화다. 다국적 기업은 대규모 투자 결정을 앞두고 여러 나라의 조건을 저울질하기 시작했다. 다국적 기업이 들어오면 투자를 받는 국가에는 많은 일자리가 창출될 수 있다(자동차 조립을 떠올려보라.). 이 때문에 일종의 국가 대항전이 벌어진다. 국가는 높은 점수를

:: 기업이 개인보다 세금을 덜 납부한다 ::

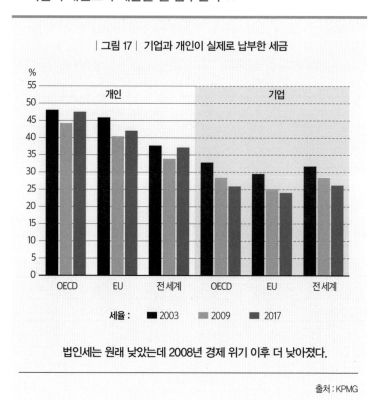

| 그림 17 | 기업과 개인이 실제로 납부한 세금

법인세는 원래 낮았는데 2008년 경제 위기 이후 더 낮아졌다.

출처 : KPMG

자이언티즘

따고 싶고, 이때 세금이 정성적인 요소와 마찬가지로 중요한 역할을 한다. 다국적 기업의 결정권자 눈에 들기 위해 세계 지도자들은 안절부절못하며 CEO를 국가수반처럼 대우한다. 또한 직접 보조금, 무상 토지 또는 허가가 포함된 지원 등의 형태로 다양한 특혜 제공을 약속한다.

놀랍게도 미국은 도널드 트럼프(Donald Trump) 대통령이 취임하기 전까지는 법인세가 낮은 나라가 아니었다. 역사적으로 미국은 법인세가 높은 나라에 속했으며 앞서 언급한 투자 유치 목적의 '대항전'에서 두각을 나타내지 않았다. 미국 기업은 이미 국제적으로 확장하는 모델을 보유하고 있었기에 대항전을 적극 장려했고, 가능한 한 최상의 조건을 얻어내기 위해 다른 여러 나라를 경쟁하게 만들었다.

반면 다른 나라와 지역에서는 앞다퉈 법인세를 인하했다. 특히 EU의 움직임이 트리거가 되었다. EU의 회원국들은 주요 기업을 유치하기 위해 EU 내 다른 회원국보다 나은 세제 혜택을 제공하겠다고 공약하는 등 경쟁을 벌였다.

대항전이 벌어지면서 점차 대기업과 소기업의 세금에 큰 차이가 생겼다. 소기업은 유치전에 참여하지 않기 때문에 세제 혜택을 제안 받을 일도 없다. 마찬가지 이유로, 최근 수십 년 동안 국가는 언제나 소득세 인하보다 법인세 인하를 선호했다(그림 17 참고). 이러한 효과는 금융위기 이후 가속화되었다.

2008년 이후 각국 정부는 정부 예산 적자 증가, 경기 후퇴와 사투를 벌였다. 이에 정부는 친기업 정책을 추구하기 시작했고 다른 나라에서 기업 또는 기업 활동을 가로챘다. 반면 개인 납세자의 세금 부담은 계속 증가했다.

대기업은 소기업, 지역 기업보다 훨씬 적은 세금을 낸다. 하지만 이 부당한 격차를 좁히려는 조치는 거의 없다. 이유는 간단하다. 다국적 기업이 정책 입안자와 훨씬 더 긴밀한 관계를 유지하고 있기 때문이다.

(브렉시트 이전에) 유럽에서 유럽연합 관련 공무원의 수는 3만 1천 명이었는데 유럽의 수도인 브뤼셀에서 활동하는 로비스트의 수가 3만 명에 달했다. 워싱턴에서 공식적으로 활동하는 로비스트는 1만 2천 명이지만 연구팀에 따르면 지원 인력을 제외하고 실제로 활동하는 로비스트는 9만 명으로 추산된다. 유럽과 미국에서는 정치인 한 명에 다수의 로비스트가 따라 다니고 있으며, 공무원의 경우 전담마크맨으로 뛰는 로비스트가 1명씩 있는 셈이다.

소기업의 로비는 워싱턴에서나 브뤼셀에서 중요성이 훨씬 덜하다. 소기업은 자원도 없으며 대의를 주창하고 정책에 기여하기 위해 정치적 영향력을 행사할 수도 없다. 다보스에서 열리는 세계경제포럼이나 기타 국제 정상회의에서 소기업 경영진을 마주칠 일은 없을 것이다. 소기업의 CEO가 중앙은행이나 국제기구의 최고위직에 진출하는 일도 없다. 반면 일부 국가에서 세금을 최적화하는 것은 전문가의 일이며 다국적 기업은 내부에 전문가와 세금 컨설턴트로 구성된 팀을 꾸린다.

세계 최대 규모의 기업에는 일반적인 법인세율이 적용되지 않는

자이언티즘

다. 게다가 이들은 신고한 액수보다 실제로 더 적은 세금을 낸다(그림 18 참고). 아일랜드와 같은 나라에서는 아직 납부하지 않았거나 궁극적으로 다른 목적(인수합병, 자사주 매입 등)에 사용할 수 있는 예비금을

:: 대기업은 보고된 것보다 세금을 덜 낸다 ::

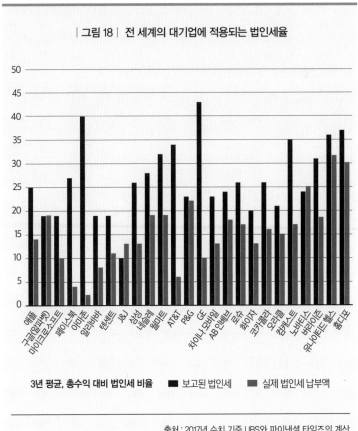

| 그림 18 | 전 세계의 대기업에 적용되는 법인세율

3년 평균, 총수익 대비 법인세 비율 ■ 보고된 법인세 ■ 실제 법인세 납부액

출처 : 2017년 수치 기준 UBS와 파이낸셜 타임즈의 계산

쌓을 수 있다.

법인세 인하는 자이언티즘에 큰 영향을 미친다. 대기업의 자본 비용을 낮추는 역할을 하기 때문에 기업 내부의 자원이 투자, 인수 또는 임직원의 연봉 인상에 사용될 수 있다.

이제 독자들은 대기업이 모든 면에서 성장 호르몬을 공급 받았음을 분명히 알게 될 것이다. 이러한 호르몬은 관성 바퀴flywheel, 공학적인 의미에서는 회전속도를 고르게 하기 위해 장치된 바퀴를 뜻한다.《Good to Great》의 저자 짐 콜린스가 'flywheel effect'라는 용어를 쓰면서 기업 성장 전략으로 정착했다. 처음 바퀴를 돌릴 때가 힘들지 계속 힘을 가하면 가속도가 붙고 그러다 어느 순간 연료공급 없이도 엔진이 스스로 돌아가는 시점이 찾아온다는 게 기본 개념이다. – 역주에 활력을 더할 수 있다. 다국적 기업은 점점 더 비대해지고 소기업 입장에서는 희망사항에 불과한 다양한 경쟁우위를 누릴 수 있다.

| 대기업의 친구, 규제 기관 |

의도했든 아니든 정부는 기업이 규모를 키우도록 장려하거나 대기업에 유리한 환경을 조성한다. 규제를 예로 들면 다국적 기업에 맞춤형인 경우가 많다. 소기업에서는 명쾌하게 파악하기 어려운 복잡한 규정이라도 다국적 기업은 잘 처리할 수 있다. 복잡성은 몸집을 키우게 만드는 주요 자극이며 정부의 처방은 복잡성을 가중시킨다.

보조금은 대기업에 제공되는 또 다른 형태의 성장 호르몬이다. 대기업은 보조금에 대해 훤히 알고 있으며 보조금 지원을 위해 전문가를 채용할 여력도 있다. 반면 중소기업은 보조금을 잡을 수 있는 기회로부터 한 걸음 떨어져 있다.

정부는 새로운 규정을 끊임없이 만들어 낼 수 있는 기관이며 기업이 새 규정을 준수하기를 바란다. 이에 따라 기업에 규정 준수를 보장하는 기능을 만들도록 요구한다. 규정 준수 기능은 소기업에게 큰 부담이지만 다국적 기업은 요구사항에 맞게 기존의 구조를 손쉽게 조정할 수 있다. 이는 대기업이 새로운 규정을 지키는 데 큰 어려움을 겪지 않는 이유이기도 하다. 대기업은 경쟁자가 시장에 진입할 때 새로운 규제가 장벽으로 작용한다는 사실을 알고 있으며 정부의 규제는 기존 대기업의 입지를 보호한다.

| 기술 플랫폼 |

현재 세계 최대의 기업은 IT 업종에서 찾을 수 있다. 애플, 아마존, 구글, 페이스북이 가장 대표적인 사례로 손꼽힐 것이다. 하지만 알리바바, 텐센트, 시트립과 같은 중국 IT 기업도 있다.

보다 구체적으로 말하자면 대기업은 '플랫폼 기업'이나 다름없다. 사용자가 다양한 서비스와 상품을 찾거나 사용할 수 있도록 플랫폼을 제공하기 때문이다. 이러한 기업은 자이언티즘의 이점을 최대한 활용한다. 앞서 언급한 이점에 기술의 속도가 더해지면서 성장에 터

보 엔진이 달린다. 이들은 고객에게 일괄 판매하고 다른 기업이 의존하도록 만든다.

부킹닷컴은 호텔 예약 건마다 10~25퍼센트의 마진을 얻는데 만일 호텔이 목록의 상단에 배치되기를 원하면 최대 60퍼센트의 마진을 취한다. 검색엔진이 관광객을 부킹닷컴으로 연결하기 때문에 휴가 기간의 관광지 검색은 거의 이러한 플랫폼 기업을 통해 자동적으로 진행된다. 덕분에 플랫폼 기업은 전 세계 관광업체에서 수수료를 뗀다. 글로벌 활동이 과거에는 훨씬 파편화되어 있었으나 기술 발전에 힘입어 전 세계의 수요를 비교적 손쉽게 파악할 수 있게 되었다.

플랫폼 기업이 국제적으로 조직되어 있다 보니 지방세를 동일하게 납부하는지는 언제나 베일에 싸여 있다. 에어비앤비, 우버, 아마존, 링크드인 등은 지역 경제 활동의 관문으로 자리 잡았으나 이 기업들이 얻는 수수료는 해외로 사라진다. 이들은 최근까지 자이언티즘을 찾아볼 수 없던 시장에서 공룡 기업으로 몸집을 불렸다.

| 정실 자본주의 |

정부가 기업의 몸집 불리기를 조장하는 수단에는 규제만 있는 게 아니다. 정부는 다른 수단을 통해 '큰 것이 아름답다.'는 개념을 전파한다. 미국 대기업은 대통령 후보에게 자금을 지원하며 정부는 국가 사업을 진행할 때 대기업과의 협력을 선호한다. 국가의 IT 공원(IT

Park)을 관리하거나 개발하는 것은 현지의 중소기업이 아니라 지멘스, IBM, 오라클, SAP와 같은 대기업이다. 소기업은 정부의 요구 사항을 충족시킬 수 없다. 정부의 요구 조건은 대개 다국적 기업에 맞춰져 있다.

정부가 매번 사업비를 즉시 지급하지 않는 것도 중소기업이 버티기 어려운 이유 가운데 하나다. 거대한 정부는 거대한 기업을 좋아한다.

덩치가 큰 협력자를 선호하는 현상과 더불어 정실 자본주의도 경제에 문젯거리다. '정실 자본주의'는 자본주의가 더 이상 순수하지 않고 문제가 많다는 것을 의미한다. 기업과 정부는 지나치게 가까워졌고 정부와의 관계가 기업의 성공 여부를 결정하는 수준에 도달했다.

실제로 대기업과 정치가 얽혀 있다는 것은 여러 사례에서 확인된다. 정치인들은 은퇴하면 골드만삭스와 같은 대형 금융그룹이나 엔지 등의 유틸리티 기업전기, 수도 등 공공시설을 다루는 회사 – 역주, 정부와의 원만한 관계가 필요한 기타 기업에 취직하는 경우가 많다. 이러한 '낙하산'은 양방향으로 작동한다. 기업 출신의 인사가 관련 정부 조직에 들어가 중요한 여러 기능을 좌우하는 경우다.

다보스에서 열리는 세계경제포럼, 빌데르베르크 회의와 같은 배타적인 모임은 다루기가 보다 복잡한 사안이다. 한편으로 이러한 회의체는 새로운 아이디어를 얻거나 인맥을 만들기에 아주 유용하다. 다른 한편으로는 정실 자본주의가 퍼지기에 이상적인 서식지다. 입장료가 수십 만 유로를 호가하는 데다 가격이 비쌀수록 더 좋은 인맥을 쌓을 수 있다 보니 중소기업은 회의에 참석할 방도가 없다. 또한 빌데르베르크를 비롯한 일부 콘퍼런스는 초청 받은 사람만 입장할 수 있다.

정치와 기업의 긴밀한 관계는 운동장을 기울게 만든다. 정부의 의사결정자들은 대기업의 의견만 듣기 때문에 대기업의 이해관계를 곧 나라 경제의 이해와 일치시킨다. 이 같은 태도는 모든 종류의 규제에 스며들 뿐 아니라 대기업에 사람을 소개하고 인맥을 형성하는 데도 영향을 미친다. 중소기업의 기업인이 엄청난 성장세를 보이거나 향후 대기업으로 올라서지 않는 한 장관이나 대통령과 커피를 마실 가능성은 드물다.

| 커야 안심된다 |

이 책에 인용된 대형화를 이끄는 요인의 대다수는 거시경제 요소나 정부의 행동과 관련되어 있다. 하지만 인간에게 안전을 추구하는 경향이 있다는 점도 간과할 수 없다. 대다수의 사람들은 소기업보다 대기업을 더 안전하다고 여긴다. 품질 표준화에 대한 믿음이 있으며, 물건이 잘못될 우려가 적다는 점에서 더 안전하다고 생각한다. 설사 제품이나 서비스에 하자가 있더라도 대기업은 AS를 보장한다. 사람들은 대기업을 선택하면 실패할 가능성이 적다고 여긴다. 어떤 면에서는 사실이다. 대기업은 조직이 보다 다변화되어 있고, 장구한 역사를 지녔고, 풍랑을 여러 차례 견디며 탄탄한 구조도 갖추었다. 대기업 선택을 옹호할 만한 이유는 나름 많다. 또한 사람들은 (타이타닉이 잘못된 선택으로 드러났음에도) 큰 배나 큰 비행기에 탈 때 더 안전하다고 느낀다. 대기업은 심리적으로 더 멀게 느껴질 수 있지만 그런 거리감이 대량 구매나 공공 서비스를 선택할 때 거의 영향을 미치지 못한다.

따라서 소기업은 고객에게 확신을 주기 위해 품질, 틈새, 전문성, 가격 등 다른 측면을 노려야 한다. 금융위기 이후에도 소규모 은행은 대규모 금융기관의 고객을 거의 유치하지 못했다. 이미 고객은 정부가 소규모 은행보다는 대형 은행을 구제할 준비가 되어 있음을 눈치챘기 때문이다.

대기업(과거의 철강회사나 최근의 자동차 산업)이 문제에 부딪혔을 때도 같은 현상이 나타날 수 있다. 정부는 대기업의 생존을 위해 모든 수단을 강구하여 각종 특혜, 보조금, 세제 혜택을 제공한다. 대기업이 문을 닫으면 신문에 관련 뉴스로 도배되지만 소기업에서 수천 개의 일자리가 사라져도 누구 하나 눈을 끔뻑이지 않는다.

앞서 언급했듯 소기업은 대출을 받을 때 더 높은 금리가 적용되고 세금도 더 많이 낸다. 은행은 소기업이 더 위험하다고 여긴다. 이는 규모의 문제만은 아니며 때로는 기업이 속한 업종의 문제이기도 하다. 예를 들어 변동성이 더 크고 경기 순환에 대한 민감도가 큰 건설, 호텔, 케이터링Catering, 병원이나 호텔, 비행기 등에 음식을 공급하는 사업 – 역주 업종에 소기업이 더 많다. 이 같은 객관적 이유 외에도 여러 사유로 중소기업에는 위험이 더 크다고 간주된다. 중소기업은 역사가 짧고, 조직에 다양성이 없이 일부 핵심 인물이 이끌며, 보고하는 수준이 대기업처럼 탁월하지도 않다. 소기업은 입증해야 할 것이 많기 때문에 어려움을 만났을 때 제때 지원을 받지 못할 수도 있어 결국 불가피하게 파산에 내몰린다.

이에 따라 소기업은 자기실현적인 나선self-fulfilling spiral, 규모가 작기 때문에 공정한 경쟁을 벌이기 더 어려운 상황에 처하게 되는 악순환을 의미한다. – 역주에 갇힌다. 외부 세계는 소기업과 대기업의 위험을 동일하게 받아들이지 않기 때문에 소기업은 사실상 더 큰 위험을 진다.

인재를 유치할 때도 이러한 점이 영향을 미친다. 대기업에서 일하는 것은 위험이 덜하다고 간주된다. 여기에 더 나은 고용 조건이 추가되면서 경쟁은 더욱 왜곡된다.

| 무늬만 남은 반독점법 |

경쟁을 활성화하는 법률은 현대의 산물이 아니며 로마 시대부터 존재했다. 예를 들어 로마인은 농산물과 식품 가격이 바람직한 수준으로 유지되는 데 경쟁이 중요하다는 사실을 알았다. 독점과 가격 담합은 가격이 과도하게 오르거나 인위적으로 희소 상태를 만드는 근본 원인이었다. 이에 301년 디오클레티아누스(244~311년) 황제는 가격 조작을 시도할 경우 사형을 선고하는 법을 제정했다.

반독점법은 서양의 역사에서 지속적으로 등장했다. 미국에서는 1890년 셔먼 반독점법으로 가격을 담합하는 대규모 기업집단에 제동을 걸었고 독점도 금지했다.

유럽에서는 EU가 창설된 이래 독점 및 카르텔 퇴치를 위한 정책이 시행되었다. 유럽공동체 조약 85조는 가격 담합을 금지하며 86조는 독점을 다룬다. 문제는 해당 법안을 시행하는 데 있다. 미국과 유럽에서 반독점법이 점차 유명무실해졌기 때문이다. 초기에는 중요한 업종에 속한 대기업이 국가에 막대한 영향력을 행사했기 때문에 해체되었다. 하지만 상황이 바뀌었다. 최근 수십 년 동안에는 반독점법을 적용한 사례가 드물었고, 설사 있었다 하더라도 성공을 거두지 못했을 것이다.

존 D. 록펠러(John D. Rockefeller)가 세운 스탠더드오일 컴퍼니는 20세기 초 미국에서 가장 영향력이 큰 기업이었으며 록펠러 자신도 미국에서 가장 재산이 많은 부자였다. 그럼에도 스탠더드오일 컴퍼니는 법원에서 독점이라고 판단을 내린 후 1911년에 해체되었다. 그 결과 스탠더드오일은 34개의 작은 회사로 분리되었는데 그중 엑슨모빌과 쉐브론이 오늘날에도 잘 알려진 기업으로 남아 있다.

잘 알려진 또 다른 사례로는 막강한 전화 회사였던 벨컴퍼니의 해체를 들 수 있다. 1982년 당시 AT&T로 불리던 이 회사는 베이비벨과 지역 전화 회사 등 7개의 작은 기업으로 쪼개졌다. AT&T 외에 버라이즌 커뮤니케이션스가 지금도 잘 알려져 있는 기업이다.

1999년에는 소프트웨어 공룡인 마이크로소프트가 셔먼법의 감시망에 걸려들었고, 법적 절차에 따라 PC 시장, 운영체제 부문의 독점, 운영체제와 검색엔진(인터넷 익스플로러)의 결합에 관해 소송이 벌어졌다. 1심에서 법원은 마이크로소프트의 독점 형성에 대해 사실상 유죄라고 판단했다. 법원은 마이크로소프트를 운영체제 관련 부문과 소프트웨어 프로그램을 작성하는 부문으로 분리할 것을 명령했다. 하지만 마이크로소프트는 항소했고 워드, 엑셀, 파워포인트가 아닌 기타 소프트웨어 시스템도 윈도우 플랫폼에서 실행될 수 있도록 만들겠다고 약속하면서 2001년에 판결이 완화되었다. 이론상으로는 모두 그럴듯한 주장이지만 지금도 마이크로소프트의 독점은 굳건하며 이 시장에서는 새로운 진입자로 인한 혁신이 일어나지 않고 있는 것이 분명하다.

마이크로소프트의 사례는 반독점 법안의 티핑포인트tipping point, 미세한 변화로 말미암아 지금까지 지속되던 상태가 급변하는 현상 – 역주였다. 만약 마이크로소프트가 분리되었다면 현재 다른 IT 대기업은 전혀 다른 상황에 놓였을 것이다. 마이크로소프트가 운이 좋았던 측면도 있다. 1심 판결을 내릴 당시 IT 부문은 버블이 형성될 정도로 승승장구하던 때였다. 하지만 마이크로소프트가 항소했을 때는 IT 버블이 꺼지고 있었고 미국 경제도 침체기에 접어들었다. 게다가 2001년 9월 11일에 뉴욕 세계무역센터의 쌍둥이 타워와 워싱턴 국방부 건물 펜타곤이 공격을 받으면서 미국은 대내외적으로 어수선해졌다. 이런 와중에 혼란을 더 키우고 싶은 사람은 없었을 것 같다. 아니, 도리어 미국이 IT 부문의 선도적 위치를 굳건하게 유지하기를 바랐을지도 모른다.

이보다 훨씬 전인 1980년대에도 티핑포인트가 된 사건이 있었다. 1987년에 미국 상원 의원의 다수가 법률 전문가이자 학자인 로버트

　　　　　　　　　　　　　　　자이언티즘

보크(Robert Bork)의 대법관 임명을 (며칠간 이어진 비방 캠페인 후) 저지한 일이 있다. 보크는 저명한 법률가인 데다 대통령인 로널드 레이건이 지명한 인물이었다. 하지만 레이건은 이란-콘트라 스캔들로 영향력이 약해진 상태였고 더 이상 맞서 싸울 배짱도 없었다.

이보다 몇 년 전 보크는 반독점법에 강한 영향을 미쳤다. 그는 지나치게 엄격한 카르텔 판결을 반대했다. 법이 소기업을 보호하는 데 치우쳐 있어 소비자가 값비싼 비용을 치러야 한다고 생각한 것이다. 그의 주장을 간단히 정리하면, 대기업은 효율성이 높기 때문에 소비자는 저렴한 가격을 통해 이득을 누릴 수 있고, 결과적으로 소비자 복지가 증진될 수 있다는 논리였다. 소비자 복지 문제는 카르텔의 가능성을 평가하는 데 있어 새로운 기준이 되었다. 소비자가 이득을 누릴 수 있다면 인수합병을 저지해서는 안 된다는 주장이다.

이를 시작으로 인수합병의 거대한 물결이 일었고 미국 법무부와 연방거래위원회는 대형 합병에 대한 법적 제약을 점차 줄였다.

자본주의 초기에는 영향력이 강한 대기업이 잘게 쪼개지는 일이 꾸준히 일어났으나 최근 수십 년 동안에는 그 흐름이 끊겼다. 새로운 기술의 탄생으로 중요성이 높아진 업종에서 과점이나 심지어 독점이 뚜렷하게 형성되었다. 이로 말미암아 제품과 서비스 가격이 (지나치게) 비싸졌고 기업은 독점적 이익을 누렸으며 새로운 대형 플레이어가 혁신을 일으키는 일도 줄었다.

2018년 4월 미국 상원은 페이스북의 CEO인 마크 저커버그(Mark Zuckerberg)에게 소셜 네트워크 기업의 온갖 관행에 대해 다그쳤다.

사실 질문은 대단할 것이 없는 내용이었고 연로한 상원 의원들이 새로운 기술에 대해 이해가 부족하다는 점이 드러난 자리였다. 그럼에도 페이스북의 수장은 상기된 표정이었고 특히 린지 그레이엄(Linsey Graham) 상원 의원이 저커버그에게 경쟁자를 하나라도 댈 수 있는지 물었을 때 더욱 당황했다. 그는 마땅한 경쟁자를 찾을 수 없었다. 하지만 페이스북이 셔먼법상 독점에 해당하는지 묻는 질문에는 교묘한 답변으로 질문을 회피했다. 그러자 그레이엄 의원이 저커버그를 향해 직접적으로 물었다. '당신이 보기에 페이스북이 독점이라고 생각하는지 궁금하다.' 저커버그는 미소를 지었다. '분명 저는 그렇게 느끼지 않습니다.'

오늘날 대기업의 강력한 로비로 미국에서는 셔먼법, 더 나아가 모든 반독점법의 영향력이 약화되었다. 이러한 추세에는 세계화도 한몫했다. 기업의 시장이 국내에 국한되는 경우는 점점 줄었다. 국가의 규제 당국은 자국 챔피언의 몸집을 일부러 왜소하게 만드는 조치를 삼가고 있다. 국력을 약화시키는 일이나 마찬가지이기 때문이다. 자국 챔피언의 힘을 약화시키면 외국 경쟁자들이 국내 시장에서 경쟁하기가 더 쉬워진다.

최근까지 유럽의 반독점법은 특별할 게 없는 수준이었지만 그렇더라도 미국보다는 엄격했다(그림 19 참고). 한 국가를 대표하는 챔피언 기업의 규모도 미국보다 왜소했다. 유럽연합과 유로존 설립으로 인한 규모의 확대가 대서양 건너편에 있는 미국보다 느리게 진행됐기 때문이다. 국가별로 시행되는 반독점법도 기업의 몸집을 작게 억눌

　　　　　　　　　　　　　　　　　자이언티즘

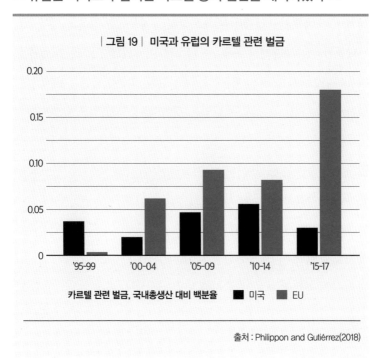

| 그림 19 | 미국과 유럽의 카르텔 관련 벌금

카르텔 관련 벌금, 국내총생산 대비 백분율 ■ 미국 ■ EU

출처 : Philippon and Gutiérrez(2018)

렀기 때문에 유럽연합 내부의 큰 나라나 미국의 챔피언에게 손쉬운 먹잇감이 되었다. 최근에는 중국도 유럽에서 기업 인수에 열을 올리면서 스웨덴의 오디오 브랜드인 볼보나 오스트리아의 항공기 제조사인 다이아몬드 에어크래프트 인더스트리즈와 같은 소규모의 국가 챔피언을 차지했다. 게다가 중국이 노리는 쇼핑 목록에는 유틸리티 기업과 금융기업까지 포함되어 있다.

 글로벌 반독점 법원을 찾는 일은 별 효과가 없다. 세계화가 진행되어도 국제기구가 그에 걸맞게 성장하지 못한 탓이다. 혹은 기업의 거물 출신이 국제기구의 수장에 오르면서 유명무실한 경우도 있다.

세쿼이아는 세계에서 가장 큰 나무로 미국의 서부 해안에서 주로 찾을 수 있는 품종이다. 세쿼이아의 성장과 크기가 남다른 비결은 유리한 거시 환경, 즉 기후에 힘입은 것이다. 풍부한 일조량에 바다의 넉넉한 습기가 더해지면서 성장 호르몬이 지속적으로 공급된다. 그런데 과학자들은 세쿼이아가 그저 큰 나무 수준을 넘어선 데는 또 다른 필수불가결한 요인이 있다고 지적한다. 바로 경쟁자의 부재다. 이런 점에서 세쿼이아는 고래, 상어, 코끼리, 공룡, 심지어 타란툴라와 공통점이 있다. 주변에 직간접적으로 이해를 다투는 집단이 거의 없기 때문에 거대한 표본이 될 가능성이 높아진다.

| 대마불사 |

거대 기업에 문제라도 생기면 대마불사(too-big-to-fail, tb2f) 카드가 종종 효력을 발휘한다. '대마불사'라는 개념은 대형 은행이 맥없이 무너지던 금융위기 때 두드러졌다. 당시 미국과 유럽의 중앙은행은 ING, KBC, 덱시아 등의 부실 채권을 조기환매 방식으로 사들이는 등 너무 대놓고 구제책을 펼쳤다. '시스템이 무너지기 때문에' 대형 은행이 망하도록 놔둬서는 안 된다는 논리였다.

이러한 주장은 기이하게 과장된 것으로, 일부 대형 은행은 차라리

자이언티즘

공식적으로 파산을 선언하고 작은 규모의 건전한 은행으로 분할하는 편이 나았을 것이다. 나쁜 선례마저 남겼다. 대형 금융기업 입장에서는 대마불사로 간주될 정도로 몸집을 불릴 이유가 생겼기 때문이다. 다른 부문에서도 기업이 대마불사의 지위에 도달하기 위해 애쓰고 있다. 자동차 그룹은 고용에 중요한 역할을 하며 통신 기업은 통신 시스템에서 중요한 기능을 하고 일부 상징적 기업은 모국의 이미지에 매우 중요한 영향을 미친다는 등의 명분이 동원된다.

이 같은 대마불사 개념은 경제 쇄신에 장벽이 된다. 기존 플레이어가 불사신의 위치를 누리는 한, 혁신을 기대할 수 없다.

예를 들어 2008년 이후 금융 부문에서는 많은 기업이 대마불사로 간주되어 현상을 유지했다. 거대 은행은 몸집을 줄이기 위한 노력을 거의 기울이지 않았다. 앞으로 닥칠지 모를 피해를 모면하고 부문 내에서 활발한 경쟁이 일어나는 것을 피하기 위해서다. 그저 벨기에, 네덜란드, 아일랜드, 아이슬란드와 같은 작은 나라의 플레이어들만 날개가 꺾였을 뿐이다. 작은 나라에서는 국가가 수용할 수 있는 규모의 은행만 허용되었다.

| 빅데이터 |

빅데이터는 대기업의 성장을 촉진하는 새로운 요소로 떠올랐다. 빅데이터는 기업 고객에 대한 정보의 보고로 고객의 구매 습관, 검색

내역, 잠재적인 관심사를 알려준다. 빅데이터는 대기업이 이 정보를 가지고 있지 않거나 아직 대규모 데이터를 축적하지 못한 소기업과 신규 진입자 대비 막대한 이점을 누리게 해준다. 게다가 소기업에는 빅데이터를 분석할 만한 인프라나 자원도 부족한 실정이다.

공개적으로 활용할 수 있는 (오픈소스) 정보를 만들려는 시도는 실패로 돌아갔다. 정보를 공개 상태로 유지할 만한 경제적인 동기가 없기 때문이다. 하지만 빅데이터를 확보하기 위해 해결해야 할 요소가 있는데 바로 개인정보 보호를 위한 제약이다. 이 제약은 특히 유럽에서 꽤 강력하게 작동하는데 금융기관 등 방대한 데이터를 가진 소유자가 데이터를 광범위하게 활용할 수 없도록 제한한다. 그러나 기업이 가령 소셜 미디어 대기업에 맞서기 위해 허용 가능한 범위에서 빅데이터를 활용하게 되는 것은 시간문제다.

| 인구 폭증과 NGO의 거대화 |

오랫동안 세계 인구는 10억 명 남짓을 유지했다. 하지만 지난 40년 동안 폭발적인 인구 증가가 일어나면서 이제 지구의 인구는 100억 명을 향해 달려가고 있다. 거주자가 10억 명인 행성과 70억 또는 80억 인구가 사는 행성이 똑같기를 기대하기는 힘들다.

인구수의 변화는 지구에 압력을 가한다. 특히 그동안 서양에서 향유했던 생활수준을 대다수의 지구인이 열망하게 된 상황에서는 압력이 더 높다. 모든 상품과 서비스를 전 세계에서 이용할 수 있도록 만들기 위해 각국 정부는 대기업에 희망을 걸고 있다. 하지만 몸집을 키우도록 자극을 받는 존재는 기업만이 아니며, 다른 조직 역시 가파른 성장을 보이고 있다. 이제 막 거대한 다국적 기업과 같은 형태의 조직을 갖추기 시작한 비정부기구(NGO)를 떠올려보라. NGO는 일반적인 활동 외에도 로비 활동에 막대한 자금을 투입한다. 미워하면서 닮아간다고 NGO가 그토록 경멸하던 다국적 기업처럼 행동하고 있는 셈이다. NGO의 규모가 커질수록 원래 궤도에서 벗어날 가능성도 높아진다. 안타깝게도 최근 수년 동안 NGO의 이탈 가능성에 대한 경고가 반복적으로 제기되었다.

인구수는 자이언티즘을 유발하는 최고의 촉매제 중 하나이며 자이언티즘과 함께 벌어지는 현상으로 메가시티의 출현을 꼽을 수 있다. 아프리카 등 일부 대륙의 인구 성장은 인류에게 엄청난 도전과제가 될 것이다. 현재 싱가포르는 향후 50년 동안 아프리카와 중국 간 무역을 촉진하기 위해 거대한 규모의 항구를 건설 중이다. 이는 선견지명이 있는 사업인가? 인구증가 전망치를 슬쩍 보기만 해도 싱가포르가 더 큰 항구를 건설하는 결정은 타당성을 갖기에 충분해 보인다.

100년 전 아프리카의 인구는 유럽의 인구보다 적었다. 하지만 21세기 말이 되면 아프리카 인구는 유럽보다 8배 많은 40억 명에 도달하고 가장 인구가 많은 대륙인 아시아에 근접할 것으로 예측된다.

인구가 증가하면 더 큰 규모의 항구가 필요하다. 대규모 항구는 다른 대형 항구와 협력하며 더 큰 선박을 필요로 한다(그림 20 참고). 대

: : 바다 위의 새로운 자이언티즘 : :

| 그림 20 | **거대한 컨테이너선**

형 선박은 거대한 조선소에서 건조되며 거대한 엔진을 쓴다. 그토록 크고 복잡한 엔진을 만들기 위해서는 어마어마한 기술 역량이 필요한데 이는 대기업만 갖고 있다. 대형 항구에서 대형 공항, 대형 항공기, 대형 조직에 이르기까지 자이언티즘은 곳곳에서 발견된다. 하지만 우리는 그 관련성을 이해하지 못하며 자이언티즘을 도처에서 발견할 정도로 무자비하게 추진하는 동기도 충분히 깨닫지 못하고 있다.

| 광고 예산 |

소기업에서 아무리 좋은 상품이나 서비스를 제공해도 대기업의 제품보다 관심을 덜 받는다. 대기업에서 광고를 내걸고 소비자의 관심을 끌고 유지하기 위해 온갖 매체를 활용하기 때문이다. 질이 떨어지는 상품이라도 막대한 광고 예산을 들이면 소기업의 우수한 제품과 비교해 오랫동안 경쟁우위를 누릴 수도 있다. 제빵사가 플랑드르의 작은 도시 리르 지방의 환상적인 타르트를 만드는 경우를 보자. 이 타르트는 켈로그나 몬델레즈 같은 미국의 다국적 기업이 만드는 쿠키보다 맛있을 것이다. 하지만 제빵사가 이를 증명해 보이려고 해도 대중이 제빵사의 메시지에 관심을 기울이게 할 만한 예산을 확보할 수 없을 것이다.

굳이 제빵사의 예가 아니어도 상관없다. 그러나 우리는 이 예시를 통해 한 가지 사실을 분명히 알 수 있다. 광고는 일부 부문에서 자이언티즘을 유발하는 중요한 트리거라는 사실이다. 올림픽 경기, 슈퍼볼(미식축구의 챔피언 결정전), FIFA 월드컵과 같은 대형 행사에서 대기업은 어디에서나 눈에 띈다. 시장 지위를 유지하기 위해서다. 이렇다 보니 소비자의 선택지는 대기업의 제품으로 국한되는 경우가 흔하다. 이들은 대대적으로 광고 캠페인을 벌이면서 소비자에게 익숙함의 본능을 따르도록 부추긴다. 이미 알고 있는 제품, 이전에 들어본 제품, 신뢰를 주는 제품을 선택하도록 유도하는 것이다. 이러한 태도는 가장 큰 기업이 되려는 열망도 자극한다. 소비자에게는 마케팅 전문가들이 꾸며낸 대규모 경쟁자들의 이미지와 비교해 뒤처져 보이는 지역 플레이어를 발굴해야 할 이유가 많다.

| 결론 |

대기업은 언제나 존재해왔으며 그 자체로는 전혀 문제가 없다. 하지만 오늘날 기업이 기업 활동을 독점하고, 업종을 지배하며, 글로벌 경제를 장악하는 초대형 기업으로 성장하여 매우 결정적인 역할을 하는 경우가 흔하다. 정부는 초대형 기업을 거의 통제하지 못한다. 이렇게 된 이유 중 하나는 세계화가 이루어져 정부가 더 이상 국경 간 사업에 영향을 미치지 못하기 때문이다. 또한 대기업이 국가 내에서 또 다른 국가가 되어가기 때문이기도 하다. 대기업은 조직이 탄탄해서 정부의 허점을 활용할 수 있고 국제적으로 많은 국가에서 기업 활동을 벌일 수 있다. 정책 입안자와 매우 긴밀한 관계를 유지할 수단도 가지고 있어 정부에서 새로운 규제를 만들 때 실질적으로 도움을 받는다.

2장에서 설명했듯 지난 수십 년 동안 자이언티즘이 손쓸 수 없는 지경에 이르게 된 데는 여러 요인이 있다. 거대 조직은 작은 조직에 비해 유리한 점이 많기 때문에 모든 기업이 대기업으로 성장하든지, 아니면 소기업이나 지역의 틈새에서 탁월한 수준에 올라서는 것이 중요해졌다. 하지만 후자는 갈수록 어려운 전략이 되고 있다. 플랫폼 기업이 작은 플레이어를 기업 식민화(enterprise colonization) 형태로 종속시키기 때문이다. 소기업이 매출을 올리기 위해 수수료를 지불해야 하는 경우가 많다. 부킹닷컴, 에어비앤비, 애플 앱스토어, 페이스북, 구글, 중국의 알리바바, 시트립, 텐센트 같은 경쟁자들이 지역 시장과 틈새시장에서 촉진자(facilitator) 또는 중개자로 활동하는 경우가 늘고 있다.

물론 대기업은 현대 경제에 많은 이로움을 가져다줬다. 그 점을 부인하자는 것이 아니며 어떤 이로움을 선사했는지 구체적으로 강조할 필요도 없다. 요지는 대기업이 자체의 탁월함으로 성공한 면도 있지만 (의도하지 않게) 대기업에 날개를 달아 준 환경, 규제, 정책 덕분에 우월적인 지위에 오른 면도 있다는 사실이다.

자이언티즘의 결과는 전 세계에서 찾을 수 있으며 모두가 직관적으로 이를 인지하고 있다. 3장에서는 스포츠, 특히 축구의 비유를 활용하여 자이언티즘의 결과를 구체적으로 살펴보겠다. 챔피언스리그는 유럽 최대의 클럽 간의 경기다. 챔피언스리그 현상은 이미 여러 부문과 기업 활동에서도 똑같이 나타나고 있으며 광범위한 경제적, 사회적 결과를 낳는 데 영향을 끼치고 있다.

GIANT
ISM

3장

챔피언스리그 효과

GIANT ISM

말뫼, 브뤼헤, 글래스고, 포르투의 공통점은 무엇일까? 모두 1970년대와 1980년대에 유럽축구연맹(Union of European Football Associations, UEFA) 네이션스 리그 결승전에 오른 팀이라는 사실이다. 기억할지는 모르겠지만 작은 나라에서 탄생한 팀, 그런 작은 팀으로 구성된 소규모 리그도 뛰어난 활약을 펼치던 시절이 있었다. 아약스, 안데를레히트뿐 아니라 빈, 고센버그, 애버딘, 메헬렌은 유럽 결승전에 진출하기 위해 뛰어넘어야 하는 강자였다.

오늘날은 어떨까? 이 가운데 일부 클럽이 뜻밖의 두각을 나타내는 경우가 있으나 더 이상 유럽의 상위 축구 리그에 들지는 못한다. 작은 나라도 유럽의 타이틀을 거머쥐었던 적이 있었으며, (큰 나라가 좀 더 자주 타이틀을 따내기는 했지만) 얼마든지 싸울 기회가 있었다. 아주 작은 베베런이 인터밀란을 이기고, 바테르스헤이가 파리 생제르망을 제압하며 빈테르슬라흐가 막강한 아스날을 눌렀다. 네덜란드, 스코틀랜드, 아일랜드, 노르웨이, 오스트리아, 스웨덴 클럽 역시 주기적으로 우승컵을 거머쥐었다.

클럽의 성적을 기반으로 집계한 국가별 순위를 살펴보면 이런 흐름을 알 수 있다. 유럽축구연맹이 창설된 해부터 1990년까지 작은 나라는 상위 5위에 종종 이름을 올렸으며 헝가리, 스코틀랜드, 벨기에, 네덜란드가 유럽의 상위 국가 축에 들었다.

1990년대 초에 변화가 일어났다. 1992년 챔피언스리그가 설립된 후부터 30여년의 기간 동안 몇몇 축구 강국이 상위 3위권을 장악했으며 작은 국가는 위상이 축소됐다. 독일, 이탈리아, 잉글랜드, 스페인은 꾸준히 상위권을 차지했으며 서로 순위를 바꾸는 정도였다.

이러한 현상이 우연의 산물은 아니다. 챔피언스리그의 규정은 작은 클럽과 작은 나라가 더 이상 타이틀을 놓고 경쟁할 수 없도록 가로막는다. 규정은 주로 막대한 상금의 배분과 관련되며 비참가자나 조기 탈락자는 상금을 나눠가질 수 없다. 규정에 따라 챔피언스리그에 참가할 수 있는 상위 클럽과, 그렇지 못한 나머지 클럽의 격차는 갈수록 커질 뿐이다. 격리 효과는 해가 갈수록 두드러진다. 전년도 승자는 막대한 자원을 확보했기 때문에 더 훌륭한 선수를 영입할 수 있고 심지어 위협이 되는 경쟁 팀으로부터 선수를 영입할 수도 있다. 이에 따라 전년도 우승자가 이익을 창출할 기회도 더 커진다. 해가 갈수록 승자는 점점 더 강해지고 잠재적인 경쟁자와 격차를 벌린다.

| 그림 21 | 챔피언스리그 효과

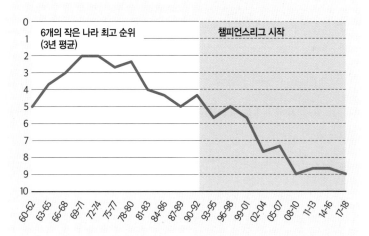

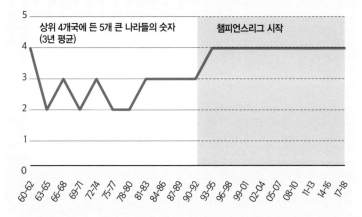

작은 나라들이 더 이상 상위권에 오르지 못하는 가운데 큰 나라들이 상위 4개국에 지속적으로 포진한다.

출처 : 자체 계산(database Bert Kassies)

챔피언스리그는 상위 12개 클럽에 3천만 유로를 지급한다. 예선전에서 지급된 기타 수익 외에 추가로 받는 액수다. FC 바르셀로나 같은 빅 클럽은 챔피언스리그에서 8천만 유로를 얻을 수 있지만 예선전에서 탈락한 클럽은 5백만 유로에 만족해야 한다. 바르셀로나는 미디어 수익으로 2억 5천만 유로를 추가로 벌어 총 10억 유로를 거머쥔다.

바르셀로나의 선수 24명의 평균 연봉은 1,400만 유로다. 비교를 위해 챔피언스리그가 개최되기 수십 년 전에 바르셀로나와 경쟁했던 아약스를 예로 들면 이 팀의 연간 운영 자금은 9천만 유로다. 이 금액은 챔피언스리그 상위 12개 팀에 들 때 받을 수 있는 상금과 맞먹는다. 아약스의 젊고 뛰어난 선수들은 암스테르담 클럽의 기둥이 되려고 하기보다는 더 큰 물을 찾아 챔피언스리그 클럽으로 빠르게 이탈한다.

그림 21은 챔피언스리그 효과를 계산하여 다이어그램으로 나타낸 것이다.

1992년 챔피언스리그가 설립된 이후 작은 나라의 순위는 급격히 하락했다. 반면 큰 나라는 상위권에 자리를 잡았고 다시는 그 자리에서 내려오지 않았다. 이는 큰 나라가 영향력을 행사할 수 있는 규정이 클럽에게 어떻게 유리하게 작용하는지, 큰 노력 없이 자리를 지킬 수 있는지 잘 보여준다. 작은 나라와 이들의 평범한 축구팀은 경기 규정이 바뀌지 않는 한 상위권을 유지하는 것은 차치하고 사다리를 오를 기회조차 얻지 못한다.

때때로 기적이 일어나지만 해가 바뀌면 원상태가 된다. 상금의 배

:: 챔피언스리그가 생긴 후 축구 클럽에 계급이 생겼다 ::

버트 캐시스(Bert Kassies)는 1959년 이래 UEFA컵의 모든 클럽 경기 데이터베이스를 보유하고 있다. 이를 기초로 1959~2018년에 큰 나라와 작은 나라의 점수를 계산했다. 여기서 큰 나라는 독일, 프랑스, 영국, 스페인, 이탈리아를 가리키며 작은 나라는 네덜란드, 벨기에, 스코틀랜드, 헝가리, 스웨덴, 포르투갈이다. 작은 나라도 강력한 국가 대표팀과 훌륭한 축구 문화, 전통적인 클럽을 다수 보유하고 있다. 계산을 하면서 특히 눈에 띈 점이 있다. 큰 나라가 언제나 클럽 축구에서 상위권을 차지하기는 했으나 UEFA 순위와 클럽 축구를 완전히 장악하지는 못했다는 사실이다. 소규모 리그 소속 팀도 경쟁할 수 있는 여지가 있었고 작은 나라의 클럽도 꾸준히 높은 점수를 냈다. 작은 나라도 국제 경기에서 성과가 뛰어난 팀을 여럿 보유했기 때문에 국가 순위에서 높은 자리를 차지했다. 다만 1985~1990년 잉글랜드 클럽은 1985년 헤이젤 스타디움 참사 이후 출전 금지 징계를 받아 유럽의 경기에 출전하지 않았다.헤이젤 스타디움 참사 : 유럽 축구 역사상 최악의 사건이다. 2018년 5월 29일 벨기에 브뤼셀의 헤이젤 스타디움에서 벌어진 리버풀과 유벤투스의 유러피언컵 결승전 당시 관중 사이에 난동이 벌어지며 39명의 사망자, 454명의 부상자가 발생했다. 이 경기 후 잉글랜드 팀은 향후 5년간 유럽 대항전 출장 정지라는 중징계를 받았다. - 역주.

분은 승자독식 시나리오로 이어지며(주로 TV 중계권이지만 대형 광고주역시 패자보다는 승자에 관심을 둔다.) 일부 클럽과 리그는 막강한 지위로올라선다. 매년 챔피언스리그 경기가 진행될 때마다 일부 클럽은 현금 다발을 챙기고, 그 덕분에 선두권을 영구적으로 차지할 수 있다.

팀을 망칠 수 있는 존재는 형편없는 경영진뿐이다. 심지어 (도핑, 승부조작 등) 위법 행위가 벌어지는 경우에도 대형 클럽은 비밀리에 문제를 무마시킬 수 있다.

빅 클럽은 두둑한 지갑을 들고 다니며 작은 클럽과 소규모 리그 소속의 인재를 싹싹 긁어모은다. 때로는 인재들이 경기에 투입되지 못하고 셀링 클럽(selling club)에 방치되기도 한다. 별로 특이할 게 없는 현상이다. 심지어 주요 축구 클럽은 축구 영재가 클럽의 영향권 내에서 경기를 할 수 있도록 팀 전체를 사들이기도 한다. 축구 규제 기관에서 이러한 관행을 용납한다는 것은 규정이 상당히 모호하다는 점을 보여준다.

작은 클럽은 젊은 선수를 통해 거액의 자금을 확보하는 데 만족하겠지만 클럽이 영원히 별 볼 일 없는 존재로 남으리라는 점은 깨닫지 못한다. 이런 식으로 시스템은 고착화된다. 대형 팀은 많은 인재를 영입하여 B팀조차 소규모 축구 리그에서 손쉽게 챔피언이 될 수 있는 수준을 갖춘다.

소규모 팀은 상황을 받아들이거나 혹은 더 큰 리그로 도약하거나 둘 중에 다른 선택지가 없다. 이 역시 챔피언스리그 효과의 중요한 시사점이다. 큰 것은 더 큰 것이 되도록 자극 받는다.

자이언티즘을 이해하는 데 스포츠만큼 적절한 것도 없다. 게다가 챔피언스리그 효과는 널리 알려져 있고 영역을 불문하고 모든 스포츠에서 기록으로 남아 있다. 미국 프로농구협회(NBA)에서 작은 농구팀과 큰 농구팀이 균형을 이루도록 조정하는 요소를 도입한 것도 이 때문이다. 가장 순위가 낮은 팀은 새로운 농구 인재풀에서 선수를 가장 먼저 영입할 수 있는 선택권을 갖는다. 그 결과 NBA 경기는 늘 흥미를 끌고, 소규모 팀의 선수들은 동일선상에서 경쟁을 펼칠 수 있다. 물론 스포츠 팀의 지도자가 이러한 조정 시스템의 약점을 파고드는 경우도 있다. 이들은 1순위 드래프트 지명권을 갖기 위해 의도적으로 클럽이 수년 동안 패배하도록 만들기도 한다.

챔피언스리그 효과와 실물 경제에는 유사점이 있다. 향후 경쟁이 예상되는 팀에서 젊은 인재를 영입하는 활동은, 빠르게 성장하거나 유명세를 탄 소기업을 대기업이 인수하는 행위에 해당한다. 이때 인수 금액을 높이는 것은 중소기업이 인수 전략에 활용되지 않도록 막는다는 점에서 방어책이나 다름없다. 대형 후원사는 대형 클럽을 선호하는데, 이는 마치 대규모 정부나 거대한 소비자가 대기업과 손잡기를 원하는 것과 같다. 이러한 분위기는 소규모 리그의 작은 팀에게 새로운 진입 장벽 역할을 한다. 이를 기업에 대입시켜 보자. 아마존은 챔피언스리그에 참여하는 클럽이고 지역의 상점이나 소규모 체인점은 주필러 프로 리그 소속의 작은 팀이다. 다국적 기업이 챔피언스리그에서는 A급 브랜드를 광고하고 지역 경기에서는 B급 브랜드를 광고하는 상황은 아이러니에 가깝다. 리그 참여자의 위치는 고착화되며 소형 클럽과 대형 클럽의 격차는 축구 경기가 진행될수록 벌어진다. 경기의 규칙 자체가 바꾸지 않는 한 이러한 현상은 지속될 것이다.

챔피언스리그 효과 덕분에 큰 나라는 격차를 줄힐 수 없는 확고한

자이언티즘

선두 지위를 얻었다. TV 중계권료, 후원 계약, 구독료, 도시 관광에서 돈이 흘러들어오면서 오늘날 바르셀로나, 맨체스터, 아스날 같은 상위 클럽은 규모가 더 커지고 있다. 이들도 과거에는 작은 나라의 경쟁자인 아약스, 안데를레히트, 포르투, 셀틱 글래스고, 슈테아우아 부쿠레슈티 등에 밀린 적이 있었다.

잉글랜드 최고의 축구 리그인 프리미어 리그의 상위 20개 클럽이 올리는 매출은 축구 리그가 있는 유럽 48개국의 상위 597개 클럽의 매출을 모두 더한 것보다 많다. 독일, 프랑스, 스페인, 터키, 러시아는 제외한 숫자이지만 유럽에서 상위 클럽을 배출했던 네덜란드, 포르투갈, 벨기에, 스웨덴, 스코틀랜드 등은 포함되어 있다. 소규모 리그가 대규모 국가 소속 팀의 틈바구니에서 지속적으로 두각을 나타낼 수 있는 우수한 팀을 다시 배출할 가능성은 제로에 가깝다. 이는 젊은 인재나 팬들의 열정, 클럽 경영진의 바람과는 무관하며, 전적으로 유럽의 경쟁 규칙과 관련되어 있다.

챔피언스리그 효과는 원인(경쟁의 규칙)과 결과(대형 클럽은 갈수록 대형화되는 반면 작은 클럽은 소형화되는 현상) 간의 긴밀한 연관성을 형성한다. 마찬가지로, 2장에서 설명했던 실물 경제의 법칙이 그 결과를 강화하여 단순히 크고 작음을 나누는 것 이상의 훨씬 광범위한 결과를 낳는다.

챔피언스리그의 예는 일회적으로 만들어진 결과와 수차례 되풀이되어 만들어진 결과 사이에 뚜렷한 차이가 있음을 보여준다. 다시 말해 단기와 장기의 효과 차이다. 유럽 UEFA 경기의 룰을 개혁한 사람들이 일부러 작은 나라와 작은 클럽을 장기간에 걸쳐 왜소한 존재로 만들려고 하지는 않았을 것이다. 그저 훌륭한 선수와 훌륭한 클럽이 메인을 장식하는 짜릿한 대회를 만들고 싶었을 것이다. 3~5년이 지나서야 의도하지 않았던 결과가 드러나기 시작했다. 지금까지 모든 지표는 챔피언스리그 효과가 계속 강화되고 있으며 앞으로도 격차가 더욱 벌어질 것을 나타낸다. 대형 클럽은 자체 슈퍼리그(Super League)를 구성하기 위해 작업을 진행 중인 것으로 보인다. 11개의 창립 클럽은 20년 동안 영구적인 지위를 누리고 5개의 클럽이 '게스트'로 참여하게 된다. 이러한 계획이 실현되면 축구에서 자이언티즘은 말뿐이 아니라 실제로 영구적인 현상으로 자리를 잡을 것이고 스포츠의 흥미를 반감시키는 데 일조할 것이다. '소규모' 패밀리 클럽은 사라질 것이고, 예측 불가능한 사건(예를 들어 잉글랜드 축구 리그에서 레스터시티가 챔피언에 오르는 일)은 더 이상 벌어지지 않을 것이다. 스포츠에 자이언티즘이 스며들면서 인간적인 면모는 사라진다.

챔피언스리그가 25년 넘게 운영된 지금도 룰에 변화가 없다는 사실은, 대형 클럽과 대규모 대회 조직위 간에 로비가 있을지 모른다는 추측을 하게 만든다. 일이 커지면 변화를 꾀하기 어려워진다. 주된 수혜자가 조직의 윗자리에 누구를 앉힐지 영향력을 행사하는 구조에서는 위로부터의 개혁이란 애초부터 실패가 예정된 길이다.

| 해운업계와 항공업계에서 발견되는 챔피언스리그 효과 |

자이언티즘은 궁극적으로 우리가 사는 도시와 건물을 개발하고 기계와 조직을 만드는 방식에 영향을 미친다. 챔피언스리그 효과를 도처에서 찾아볼 수 있다.

해상운송 분야에는 싱가포르, 상하이, 부산(한국), 두바이, 홍콩, 로테르담 등의 대형 항구 클럽이 있다. 이러한 항구는 심해 항구에만 정박할 수 있는 초대형 컨테이너선의 사용을 부추긴다. 이로 말미암아 진입 장벽이 형성되고 다른 항구는 낮은 수준으로 강등된다.

항공 분야에서도 동일한 현상이 벌어진다. 애틀랜타, 런던, 두바이, 시카고, 스키폴과 같은 공항은 허브(hub) 지위를 얻어 주요 노드node, 교통망에서 통행 유출입 지점, 정류장, 환승지점을 뜻하는 말이다. - 역주로 발돋움한다. 이 공항에는 에어버스 A380과 같은 초대형 항공기가 이착륙할 수 있다. 이때 나머지 공항은 스포크spoke, 보통 허브와 함께 쓰인다. 허브가 자전거 바퀴의 중심축이라면 스포크는 바퀴살에 해당한다. - 역주가 되며 더 이상 여행객들에게 과거처럼 세계 주요 도시로 연결되는 직항 노선을 제공할 수 없다.

이러한 방식으로 도시에도 챔피언스리그 효과가 나타난다. 구획이 나뉘고 진입장벽이 세워진다. 신규 진입자와 후발주자는 도약의 기회를 잃는다.

분명 내 주장에 비판적인 시각도 있을 것이다. 챔피언스리그 효과에도 많은 이점이 있다고 반박할지도 모른다. 대형 도시를 비롯하여 거대한 항구와 공항은 더 효율적이지 않은가? 초대형 선박과 항공기는 효율성을 극대화한 웅장한 기계 아닌가? 물론 그러한 측면이 있지만 여기에도 간과해서는 안 될 난제와, 기업 간 경쟁을 사라지게 만들고 계급적 장벽을 공고히 하는 장기적 효과가 존재한다. 대형화는 특정한 모델을 고착화시킨다. 그러나 이보다 중요한 원칙에 따르면 다른 모델 역시 고려할 만하다.

이 책에서 분명히 하고 싶은 점이 있다. 우리가 조정을 통해 다른 경제 모델도 활성화할 수 있다는 사실이다. 당장은 일부 분야에서는 효율성이 떨어지는 경험을 할 수도 있겠지만 모델의 지평을 넓히면 지속가능성이 훨씬 더 커지고 궁극적으로 효율성도 높일 수 있다.

건물은 자이언티즘을 보여주는 또 다른 좋은 사례다. 유럽연합, 유럽중앙은행, 국방부, 중국 공산당과 같은 거대 정부 기관의 복합단지든 대기업의 본사든 상관없다. 이들 조직이 내부적으로 권력, 명예, 거리감 등 무엇을 중시하는지는 건물 외관을 통해 잘 드러낸다.

최근 애플의 신축 건물을 방문하여 부CFO를 만날 기회가 있었다. 애플의 본사를 '우주선'이라고도 부르는데 4개 층에 둘레가 1.6킬로미터, 지름이 500미터에 달한다. 최고 수준의 공학 기술이 집결된 건물로 전력 소비 측면에서 효율성이 매우 뛰어나다. 지붕에 태양 전지 패널이 있어 전기 사용량의 30퍼센트만 외부에서 조달하면 된다. 이와 동시에 이 건물은 극도로 완벽하기도 하고 청정하고 빈 공간이어서 차갑게 느껴지기까지 한다. 건물 둘레 길을 걷다가 흙이 묻은 신발을 신고 실내로 들어서기가 겁이 날 정도다. 유리는 의자, 커피 머

| 그림 22 | 쿠퍼티노에 있는 애플 본사

신, 회의실 등 건물의 다른 모든 요소와 마찬가지로 흠 없이 깨끗하다. 애플의 이 '우주선'은 사람보다는 애플 로봇을 위해 지어진 건물처럼 생겼으며 바티칸 시의 산피에트로 대성당처럼 인상적이다. 이건물 디자인은 사람과는 별 관계가 없으며 모든 요소가 건축되던 시기의 조직 위상과 관련이 깊다. '우주선' 건설 당시, 애플은 현금 2억 5천만 달러를 보유하고 있었기 때문에 40~50억 달러의 건축 비용쯤은 재정에 별 무리를 끼치지 않는다고 말하는 것 같다. 문득 50년 뒤이 우주선 단지에 누가 입주하고 있을지 궁금해진다. IT 기업 중에는 장수 기업을 찾기가 힘들기 때문이다. IBM과 같은 과거의 IT 공룡도

수십 년이 흐른 지금 어려운 시기를 견디고 있다. 애플 본사는 전 세계에서 가장 거대한 기업 건물에 속한다. 단기적으로 애플의 명성이나 과도한 권력욕을 뛰어넘을 기업이 있다면 분명 구글, 아마존, 알리바바나 텐센트일 것이다.

아랍에미리트 두바이에 위치한 828미터 높이의 부르즈 칼리파가 '두바이 사람들을 기쁘게 하는 건물을 만들자.'는 생각에서 건축되었다고는 생각하지 않는다. 처음에는 아랍에미리트의 권력과 위세를 드러내고 타이완, 말레이시아, 미국 등 전 세계에서 가장 높은 건물을 보유했던 다른 국가에 과시하기 위해 첫 삽을 떴다. 그러한 사업의 중심에는 사람이 아니라 국가나 조직이 자리 잡고 있다. 자이언티즘은 사람이 아닌 권력을 위한 것이다.

| 거대 맥주 회사, 지역 맥주를 죽이다 |

몸집을 불리는 트렌드는 벨기에가 정통한 분야인 맥주에서도 잘 나타난다. 맥주 양조에는 문화뿐 아니라 종교적 전통마저 반영되어 있다. 맥주 생산은 수천 년 이어져 왔지만 고대 로마인들은 와인을 선호했다. 이른바 미개한 민족이 맥주에 특화되었던 것이다.

서기 98년 로마 집정관이자 역사가, 작가, 연설가였던 푸블리우스 코르넬리우스 타키투스(Publius Cornelius Tacitus)는 그가 '게으르다'고 생각하던 게르만인이 보리와 호밀을 재료로 주류를 양조하는 방법을 설명했다. 타키투스는 게르만이 '지나치게 많은 맥주를 마신다.'고도 기록했다. 수도사들이 양조 절차를 정교화하고 홉을 가미하면서 풍미가 좋아지고 유통기한도 늘었다.

벨기에의 맥주 역사도 유서 깊다. 맥주 양조 기술은 수백 년에 걸쳐 정교화되었고 지역 곳곳으로 전파되었다. 마을마다 양조장이 하나 이상 있었고, 수도원에서는 치즈와 맥주를 만들었다. 양조 종사자들은 어떻게 하면 더 개성적이고 다채로운 맛을 낼 수 있는지, 어떤 병에 담아야 맛을 유지할 수 있는지 연구하고 고민했다.

이러한 환경에서 20세기 이후 일부 양조장이 '세분화된 부문을 통합'하기 시작했다. 이전까지 지역의 매우 작은 양조업자에 불과했던 피드뵈프가 잇달아 양조회사를 인수하여 하나의 그룹으로 묶었다. 비슷한 시기에 또 다른 양조업체인 아르투아 역시 피드뵈프처럼 부문 통합 작업에 나섰고, 아르투아의 주도로 스텔라, 호가든, 빌레만스 같은 브랜드를 사들였다. 1988년 양사가 합병하여 인터브루라는 벨기에의 대형 맥주 그룹이 탄생했다.

여기서 끝이 아니었다. 2004년 브라질 회사인 앰베브와의 합병은 거대한 족적을 남겼다. 금리 인하와 맥주 '그룹'의 합리화를 등에 업고 2008년에는 미국의 대기업인 앤호이저 부쉬를 인수했다. 부채가 줄어들고 금리가 하락세를 이어가자 벨기에인들은 원래 남아프리카 기업이었던 SAB밀러까지 노릴 수 있게 되었다(그림 23 참고). 그 결과 오늘날 AB 인베브 그룹은 전 세계 맥주 시장의 30퍼센트를 점유하고 있다.

:: 작은 맥주는 없다 : AB 인베브의 탄생 ::

| 그림 23 | 맥주 거인의 탄생

출처 : 자체 연구

AB 인베브와 주주들은 환상적인 제국을 건설했다. 이들은 자이언티즘의 규칙을 따랐고 기회를 놓치지 않았다. AB 인베브 사례는 금리 인하, 대기업과 소기업 간 세율 차이, 세계화 등 거시적인 조건에 따라 자이언티즘이 촉진되는 과정을 잘 보여준다. 이는 또한 대주주나 소액주주 가릴 것 없이 사업과 재정적인 면에서 모두 성공을 거두었음을 뜻한다. 하지만 이야기는 여기에서 끝나지 않는다.

맥주 회사의 거인화가 얼마나 광범위한 영역까지 영향을 끼쳤는지는 잘 알려져 있지 않다. 그러나 우리가 확인이 가능한 최소한의 영역에서 영향력을 확인할 수 있다. 지역의 많은 양조업체를 비롯하여 그들이 만들어낸 다양한 품목, 그리고 그 품목이 품고 있던 특별한 맥주 맛이 최근 수십 년 사이에 사라졌다. 맥주는 자고로 지방색을 담아야 한다고 믿었던 전통 역시 자취를 감췄다. 한때 학생들은 잭옵을 즐겼으나 이제는 주필러나 스텔라를 들이켜는 데 만족한다. 전통적인 방식으로 양조되던 많은 맥주가 사라졌고 대형 맥주회사가 그 시장을 잠식했다. 심지어 이들은 생산지마저 바꾸려고 했던 적이 있다.

2005년 인베브가 밀맥주 호가든의 생산지를 호가든 마을에서 리에주로 이전하려고 시도했다. 인베브의 계획은 수포로 돌아갔는데 그건 지역 주민의 항의 때문이 아니라 맥주의 맛과 색깔이 변했기 때문이었다. 2007년 호가든은 본고장으로 돌아왔다.

마을은 지역 양조업체와 특산 맥주, 마을에서 소중히 여기던 맥주뿐 아니라 파티, 장례식, 고된 일이 끝나고 모여들었던 카페도 잃었다. 이제는 동네의 아름답고 별난 맥줏집에서 맥주를 즐기는 경우는 드물다. 대신 옆 동네와 똑같은 인테리어에 간판을 달고, 메뉴가 동일하며 한 양조업체에 의존하는 프랜차이즈 식당이나 카페에서 모두가 같은 회사의 맥주를 마시는 풍경이 익숙해졌다.

맥주 시장에 자이언티즘이 나타나면서 많은 지역 맥주가 사라졌다. 지금은 전 세계인이 벨기에 브랜드인 스텔라와 레페를 즐기지만 안타깝게도 벨기에만의 맥주 문화는 심각하게 훼손되었다.

이처럼 합병을 통해 잠재적 경쟁자를 제거하는 것을 '킬러 인수

(killer acquisition)'라고 부른다. 기업은 향후 경쟁자를 만들 만한 프로젝트의 개발을 중단시키기 위해 혁신적인 희생자를 사들여야 한다. 챔피언스리그 효과를 설명하면서 소개한 축구 유망주 영입 전략을 기억하는가?

연구자들은 이러한 관행이 기업 수준에서 광범위하게 벌어지고 있음을 발견했다. 연구진은 대기업과 소기업이 진행하는 3만 5천 개의 제약 프로젝트를 분석했다. 피인수 제약사의 제품이 인수 기업의 제품 포트폴리오와 중복되는 경우, 피인수 기업의 제품이 추가로 개발될 가능성이 낮은 것으로 나타났다. 특히 인수 기업이 해당 분야에서 강력한 시장 지위를 보유하고 있는 경우에는 가능성이 더 떨어졌다. 연구자들은 전체 인수 건의 6.4퍼센트(2,000개 이상의 프로젝트)가 킬러 인수에 해당한다고 결론 내렸다. 하지만 이러한 사례가 보고되거나 가시적으로 드러나는 숫자가 미미해서 반독점 당국은 문제를 간과하고 말았다. 거대 기업이 주도하는 킬러 인수는 혁신을 저해하고 가격을 지나치게 높이는 원인 중 하나다.

| 획일화되어가는 식문화 |

식품 분야에서도 소수의 대기업이 원재료를 비롯해 선반에 진열할 제품, 소비자의 식탁에 오를 식품을 좌우한다. 현재 바이엘의 자회사인 몬산토의 경우 미국 곡물 시장과 대두 시장 점유율이 각각 85퍼센

118

:: 알고 먹으라! ::

| 그림 24 | 식품계의 거인들

출처 : 옥스팜, www-cdn.oxfam.org/s3fs-public/file_attachments/bp166-
behind-the-brands-260213-en_0_0.pdf.

트와 91퍼센트에 달한다. 물론 이 같은 지위는 농업에 영향을 미쳤으
며 소규모 농민들을 미국 시장에서 밀어냈다.

제조 식품으로 눈을 돌려보면 또 다른 대형 플레이어가 등장한다.
옥스팜의 사례는 도표를 통해 잘 드러난다(그림 24 참고). 영국식품협
회(ABF), 코카콜라, 다농, 제너럴 밀스, 켈로그, 마스, 몬델리즈, 네슬
레, 펩시코, 유니레버는 식품 분야의 10대 공룡 기업이다. 각 기업이
포트폴리오에 보유한 브랜드가 기업 자체의 이름보다 유명한 경우가

많으며 대다수의 소비자는 낯익은 브랜드가 어떤 기업의 소유인지 모르는 경우가 많다. 10대 그룹은 패스트푸드 시장의 47퍼센트를 점유하고 있다.

특정 분야를 살펴보면 거대 기업의 지배력은 더 크다. 미국 다국적 기업인 펩시코의 포트폴리오에 있는 레이즈는 (감자)칩 시장 점유율이 58퍼센트다. 미국 스포츠 음료 시장의 75퍼센트를 차지하고 있는 게토레이 역시 펩시코의 소유다. 마지막 예를 들자면 미국의 그룹 마스의 경우, 전 세계 초콜릿 시장 점유율은 15퍼센트에 불과하나 중국 시장 점유율은 40퍼센트, 인도 시장 점유율은 무려 48퍼센트에 달한다.

대형 식품 기업은 안전성에 대한 소비자의 바람에 강하게 부응한다. 소비자는 대기업의 제품이라면 괜찮으리라고 여긴다. 해외에 나갔다가 마침 배가 출출한데 왠지 현지 음식은 꺼려진다. 그럴 때 우리의 발걸음은 패스트푸드 체인인 맥도날드로 향한다.

식품 대기업에 긍정적인 면이 없는 것은 아니다. 예를 들어 유니레버의 경우 아이디어 넘치는 목표 전략을 가지고 있으며 사람들에게 건강한 식품을 제공하려고 노력한다. 훌륭한 목표다. 하지만 여기에서 지적하고 싶은 점은 많은 소규모 기업도 같은 목표를 가지고 있지만 마트에 진출하지 못한다는 사실이다. 우리의 입맛은 문자 그대로나 비유적으로나 소수의 식품 대기업이 결정한다.

손쉬운 구매를 이끌어내기 위해 기업은 소비자의 스위트 스포트
sweet spot, 야구나 골프 등 공을 치는 경기에서, 많은 힘을 들이지 않고 공이 원하는 방향

으로 멀리 빠르게 날아가게 만드는 최적의 타점. − 역주를 노린다. 이를 문자 그대로 해석할 수도 있다. 우리는 다른 맛이 나는 음식보다 단 것(sweet things)을 더 빨리 섭취하기 때문에 식품에는 권장량보다 훨씬 많은 당분이 첨가된다. 우리의 식습관은 망가졌으며 당뇨와 같은 건강상의 문제를 유발하는 비만이 전 세계에 유행하게 되었다.

특별한 맛을 원한다면 마트가 아닌 지역 시장에 있는 작은 가게와 여전히 소소한 즐거움을 주는 가정집이나 식당을 찾아야 한다. 우리의 입맛은 점점 획일화되어 가고 있다. 공급 품목의 수는 제한되고 천편일률적인 취향이 세계적인 규범이 되고 있다.

| 월마트가 지배하는 세상 |

미국 기업인 월마트는 세계에서 가장 큰 마트 체인이자 세계 최대 기업 중 하나다. 더 무슨 말이 필요하겠는가마는 덧붙이자면, 월튼 가문의 모든 일원은 미국 최고 부자 목록의 상위권을 차지하고, 월마트의 직원은 220만 명에 달하며 미국에서만 150만 명을 고용한다. 월마트가 미국에 보유한 점포는 1만 개를 웃도는데 전체 소매의 25퍼센트를 차지하는 수준이다. 판매 제품의 절반 이상이 중국산이다. 모든 월마트 백화점의 면적을 모두 더하면 맨해튼의 1.5배가량이다. 미국인의 90퍼센트가 월마트에서 반경 24킬로미터 안에 거주한다.

이 마트 체인의 대대적인 확장은, 사업가로서의 배짱을 비롯하여 사업 재능, 2장에서 설명한 성장 요소가 조합된 결과다. 유럽에서 월마트는 상대적으로 덜 알려져 있지만 월마트를 이케아나 데카트론으로 바꾸면 결과는 비슷하다. 유사한 사례는 더 있다.

월마트 같은 거대 기업을 방해하는 어떠한 조치도 취하지 말자는 주장의 한복판에는 대기업이 창출하는 고용이 있다. 유럽의 어느 지역에서 공장이 문을 닫고 많은 노동자들이 일자리를 잃더라도 데카트론이나 이케아가 매장을 연다는 소식에 모두가 한시름 놓는다. '많은 일자리를 창출하기' 때문이다. 이러한 고용은 대규모 점포를 열 때 당장 눈앞에 나타나는 효과다. 하지만 장기적인 관점에서 바라보면 결과는 달라진다.

뉴욕의 현재 시장인 빌 드 블라시오(Bill de Blasio)는 2012년 월마트 백화점 그룹이 지역 공동체에 미치는 영향에 대해 연구를 수행했다. 그리고 월마트가 미국 전체에 미치는 경제적 영향에 대한 50건의 과학적 연구를 포괄적으로 검토한 〈월마트의 경제적 발자국(Walmart's Economic Footprint)〉이라는 보고서를 냈다. 뉴욕시가 이 보고서를 통해 하고 싶었던 일은 객관적 정보에 바탕을 둔 올바른 의사결정이었다. 과연 새로운 월마트 매장에 허가를 내주는 게 옳은 일일까?

보고서의 주된 결론은 뉴욕시에 월마트가 새로 문을 열 때마다 창출된 일자리보다 사라진 일자리가 더 많다는 것이었다. 다수의 독립적인 점포가 사라지면서 궁극적으로 시민들의 세금 부담도 증가했다. 시장은 '지난 십 년 동안 우리는 월마트가 뉴욕시에 트로이 목마였다는 사실을 배웠다.'라고 밝혔다. 그는 소규모 점포가 문을 닫은 사실뿐 아니라 저임금 고용에 대해서도 언급했다. 월마트는 직원에게 최저 임금에 가까운 임금을 지급하기 때문이다.

월마트에 대한 연구는 챔피언스리그 효과에 대한 적절한 인사이트를 준다. 눈앞의 결과에 앞서 장기적 결과를 보여주기 때문이다. 단기적으로는 지역 주민의 고용이 늘고 값싼 제품이 판매되면서 구매력이 상승한다. 하지만 해가 거듭되면 부정적인 영향이 본격적으로 나타난다. 일자리가 사라졌으며 새로 창출된 일자리도 임금이 낮다. 아뿔싸, 뒤늦게 이마를 친다. 이는 전체 경제 수준을 후퇴시킨다.

월마트도 직원의 임금이 매우 낮고 생계를 잇기 어려운 수준이라는데 반박하지 않는다. 대변인은 '월마트 직원의 3분의 2 이상은 가족을 부양할 필요가 없다. 이런 사람들을 위해 우리 일자리가 생긴 것이다.'라고 설명했다. 이러한 태도를 모순으로 봐야 할지 아니면 냉소주의나 완전한 무감각으로 봐야 할지 알 수 없는 노릇이다.

그간의 연구에서 간과된 점이 있다. 대규모 체인점의 오픈이 사회경제적으로 끼친 광범위한 영향이다. 체인점으로 말미암아 전체 유통 과정이 변화한다. 지역 구매는 사라지며 대신 외부 구매가 이루어진다. 소비자는 물건을 사기 위해 주로 자동차를 타고 이동한다. 아무도 도시 중심지에서 쇼핑하지 않기 때문에 지역 점포를 찾는 고객이 줄어든다. 대신 소비자는 도시 외곽의 대형 쇼핑센터로 발길을 돌린다. 대형 점포의 직원들은 자신을 독립적인 가게 운영자로 느끼지 않는다. 표준화된 방식으로 고객을 대한다. 고객과 점원 사이에 개인적인 유대 관계가 약하다. 또한 고객은 스스로 직원 역할을 떠맡아 궁금한 게 있으면 스스로 답을 찾아야 하며 물건 가격을 확인하고 기계에서 카드로 결제를 한다. 이어 주차장으로 물건을 옮겨 직접 차에 싣는다. 전체 공동체의 쇼핑 경험이 상당 부분 표준화되고 효율성과 수익성이 우선시되는 산업적인 절차로 변한다. 시간이 갈수록 잠재적인 대안도 사라지기 때문에 대형 마트의 시장 점유율은 계속 증가할 수 있다. 표준화가 인간적인 교류를 대신하고 공동체는 결속이 약해지며 임금과 제품의 질이 저하된다. 필자는 결코 경제의 월마트화를 지지하지 않는다.

전자상거래가 소매업에 일부 변화를 일으켰으나 기존 모델을 완전히 대체한 것은 아니다. 인터넷 경제는 자이언티즘과 유사한 특징을 가지고 있고 소비자와 고용에 동일한 영향을 미친다. 미국 전자상거래 기업인 아마존이나 독일의 패션 웹 점포인 잘란도의 근로 조건은 월마트와 다를 바 없다. 택배 근로자는 박봉이라도 벌기 위해 겹겹이 쌓은 상자를 날라야 하며 전 세계 가정에는 형편없는 물건이 넘쳐난다. 이러한 소매업은 생태에 큰 영향을 미치며 환경에 상당한 피해를 입힌다. 과거의 소매 공룡 기업은 역사가 짧고 점점 규모가 커져 빨리 성장하는 새로운 소매 기업의 영향으로 압박을 받는다. 과거의 대기업은 혁신과 신속한 변화에 취약하지만 수십 년 동안 누려온 왕의 지위에 취해 별다른 조치를 취하지 않는다.

: : 제약기업은 얼마나 클까?
  제약 시장 점검 : :

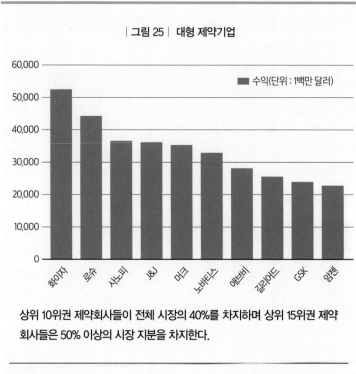

| 그림 25 | 대형 제약기업

상위 10위권 제약회사들이 전체 시장의 40%를 차지하며 상위 15위권 제약
회사들은 50% 이상의 시장 지분을 차지한다.

출처 : 2018 Annual Reports

| 대형 제약사 : 질병의 거대 사업화 |

 전 세계의 제약 시장 규모는 1조 1천억 달러로 추산된다. 북미, 아
시아, 서유럽이 제약 시장의 80퍼센트 가량 차지한다. 상위 10개 제

약사가 시장의 40퍼센트를 점유하고 있으며 상위 15개 업체로 확대하면 점유율은 50퍼센트를 웃돈다(그림 25 참고). 현재 이 시장은 대형 제약사가 규칙을 정하는 상황이며 제약 부문에서도 자이언티즘이 중요한 구실을 한다.

한편으로 제약업에서는 대형화가 연구개발에 필요한 자원을 확보하고 전 세계 판매망을 구축하기 위해 이뤄야 할 전제조건이다. 다른 한편으로는 집중화 트렌드가 제약 부문에서 매우 가파르게 진행되었으며 업계의 주요 행위자가 시장을 좌우한다. 이러한 행위자들에게 정부는 약을 허가하고 나중에는 환급을 하는 등으로 게임의 규칙을 정한다. 따라서 주요 제약업체가 정부에 영향력을 행사하기 위해 대단한 공을 들이는 것도 놀라운 일이 아니다. 독립 리서치 회사인 책임 정치센터(Center for Responsive Politics)에 따르면 미국의 제약 부문은 의원 1인당 약 2명의 로비스트를 보유하고 있다.

미국 기업인 화이자는 각종 기업 인수를 통해 제약 분야의 세계적 선도 기업이 되었다. 화이자는 비아그라로 잘 알려져 있지만 리피토(콜레스테롤), 자낙스(항우울제)도 이 회사의 블록버스터급 약품이다. 화이자는 1849년 설립되었으나 워너-램버트, 와이어스, 파마시아, 호스피라 등을 인수하면서 2000년대 들어 특히 가파르게 성장했다. 이 회사는 진정한 공룡 기업으로서 2장에서 언급했던 성장 요소를 활용한다.

화이자는 1퍼센트 금리로 유로 대출을 이용할 수 있다. 이는 인수, 자사주매입, 기타 자본 운용에 막대한 지렛대로 작용한다. 화이자는 자본을 거의 무료로 사용하는 셈이다.

물론 화이자만 꼭 집어 비판할 의도는 없다. 다수의 거대 기업이 동일한 상황에 있기 때문이다. 예를 들어 지난 10년 동안 애플의 차입 금리는 0.9퍼센트였으며 마이크로소프트는 화이자와 동일하게 1퍼센트였다. 모든 거대 기업은 자본을 거의 무료로 빌려 쓰는 셈이다.

제약업에서 자이언티즘은 의문의 여지없이 긍정적인 측면을 가지고 있다. 신약에 더 많은 연구 자원을 투입하고 효율성을 높이며 환자가 저렴한 약품을 구입할 기회가 늘어나는 등의 이점이 있다. 하지만 제약 부문 내에서 진행된 변화는 전 세계적인 약물 과다복용과도 밀접한 관련이 있다. 진통제, 진정제, 항우울제, 항불안제, ADHD 관련 약물, 항콜레스테롤제, 비아그라 등의 사용량이 크게 증가했으며 약물 중독이라고 부를 만큼 복용이 확산됐다. 약품이 자연 치유를 대체하고 있다. 많은 사람들이 신체의 회복 능력 대신 인위적인 회복을 위해 약품에 의존한다.

제약사의 대형화는 장기적인 소비에도 의미하는 바가 있다. 미국에서 사용자의 60퍼센트가 2년 이상 항우울제를 복용하며 14퍼센트는 심지어 10년 이상 복용한다. 세계적으로도 항우울제 사용이 증가 추세다(그림 26 참고). 특정 국가의 행복지수와 항우울제 사용 간에는 상관관계가 없다. 부유한 나라에서 항우울제를 많이 복용하는 경우도 있지만 복용이 매우 적은 나라도 있다. 자살과도 명백한 연관성이 없다. 나라별 차이를 만드는 원인은 훨씬 복잡한데 복용 습관, 치료법, 기타 많은 문제와 관련되어 있다. 미국에서는 인구의 10퍼센트

: : 우울해지기 위해 복용하는 항우울제 : :

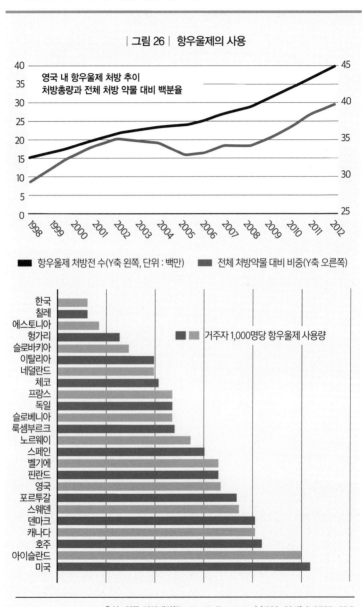

| 그림 26 | 항우울제의 사용

영국 내 항우울제 처방 추이
처방총량과 전체 처방 약물 대비 백분율

■ 항우울제 처방전 수(Y축 왼쪽, 단위 : 백만) ■ 전체 처방약물 대비 비중(Y축 오른쪽)

한국
칠레
에스토니아
헝가리
슬로바키아
이탈리아
네덜란드
체코
프랑스
독일
슬로베니아
룩셈부르크
노르웨이
스페인
벨기에
핀란드
영국
포르투갈
스웨덴
덴마크
캐나다
호주
아이슬란드
미국

■ 거주자 1,000명당 항우울제 사용량

출처 : 영국 건강재단(The Health Foundation) (1998~2012) & OECD, CDC

128 자이언티즘

이상이 항우울제를 복용한다. 미국은 진통제를 포함한 여러 약물의 주요 소비국이다. 세계 인구의 4퍼센트를 차지하는 미국에서 전체 진통제의 30퍼센트 이상을 소비한다.

　대형 제약사 때문에 약물을 과다 복용한다고 말하는 것은 논리적 비약이다. 하지만 대형 제약사가 장기적인 약물 사용의 증가를 안타깝게 여기지 않음은 분명하다. 이제 수면제, 진통제, 신경 안정제, 항우울제는 일상용품이 되었고 매우 낮은 문턱만 넘으면 쉽게 구할 수 있다. 게다가 일부 약물은 중독성이 있거나 내성을 키운다. 시간이 지날수록 더 많은 양을 투약해야 동일한 효과를 볼 수 있다. 때로는 24시간 주기 리듬을 적절히 유지하기 위해 혼합 복용도 필요하다.

　필자가 강조하려는 점은 자이언티즘의 영향으로 우리가 인간적인 해결책에서 멀어지는 대신 산업화된 해결책에 다가서고 있다는 사실이다. 우울증이나 비만에 대한 구조적 해결책은 화학 약품이 아니라 사람을 비롯하여 자연 환경, 근로 환경, 사회와 조화를 이루는 것이다. 수면제와 진통제는 많은 사람들이 날마다 벌어지는 생존 경쟁을 이어가기 위해 스트레스나 잠복해 있는 기타 문제를 억누르는 데 필요한 약물이 되었다. 약이 삶의 자극이 될 수는 있지만 계속 사용해서는 안 된다. 그렇지 않으면 약품의 소비는 전기나 에너지 소비를 닮아 갈 것이다. 사회가 존속하는 한 계속 써야 하고, 동시에 매달 지불해야 하는 청구서처럼 말이다.

| 그림 27 | IT 대기업과 자회사들

출처 : 자체 연구

| 기술의 거대화 : 각자의 제국 |

빌 게이츠와 고(故) 폴 앨런이 설립한 소프트웨어 기업 마이크로소프트가 여러 절차와 소송 끝에 1990년대에 해체를 모면하면서 통제 불능 상태가 되었다. 이는 나중에 IT 거대 기업에 나쁜 선례가 되었다. 만약 마이크로소프트가 PC 운영체제 기업과 워드 프로세서, 스프레드시트 패키지, 역사가 짧지만 성장하는 비즈니스인 인터넷 브라우저를 만드는 소프트웨어 패키지 개발 회사로 분리되었다면 상황이 훨씬 나았을 것이다. 하지만 현실은 그렇지 않았고 오늘날 IT 거

자이언티즘

대 기업이 마이크로소프트의 전철을 밟고 있다. 그들은 많은 활동에서 집중도를 높이고 있고, 잠재적인 경쟁자가 나타나면 초기에 인수하여 싹을 제거할 것이다.

거대 IT 기업은 직접적인 경쟁을 피하고 싶어 한다. 이들은 여러 건의 인수를 통해 '틈새'를 점점 장악하는 대규모 기업집단을 형성한다. 마이크로소프트, 페이스북, 구글, 아마존, 애플에는 필적할 만한 상대가 거의 없다. 그들은 자신만의 제국을 설립했으며 '기술'의 옷을 입고 있으나 다른 IT 공룡의 제국과 겹치는 시장이 거의 없다(그림 27 참고). 마이크로소프트가 기업 환경에서 안락한 지위를 얻었다면 아마존은 소매 분야에서 특화되었다. 페이스북이 소셜 미디어의 지배적 플레이어라면 구글은 인공지능과 이에 연관된 분야에 주력하는 모양새다. 끝판왕 애플은 소비자 제품(마이크로소프트 일부 제품, 구글 운영체제, 중국의 경쟁사 제외)에서 두각을 나타내며 다른 거대 IT 기업과 거의 경쟁을 벌이지 않는다. 이러한 방식으로 독점에 가까운 지위가 구축되었고 잠재적 경쟁자가 넘어야 할 신입 장벽은 부르즈 칼리파만큼이나 높아졌다.

| 결론 |

미국의 밴드 이글스(Eagles)가 부른 '호텔 캘리포니아'라는 명곡은 언제든 체크아웃할 수 있으나 절대 떠날 수는 없는 장소에 대한 노래다. 이와 반대로 호텔 챔피언스리그는 원할 때마다 벨을 누를 수 있지만 절대 머물 수 없다. 빈 객실이 없으며 투숙객은 점점 실력이 좋아지고 더 이상 자발적으로 떠나려고 하지 않는다. 게다가 호텔 지배인은 투숙객과 친구가 되었다.

방을 잡지 못한 사람들은 추운 곳으로 쫓겨나는데 바깥 기온은 뚝뚝 떨어진다. 호텔에는 투숙객을 위한 방이 얼마 없으며 받을 수 있는 투숙객도 한정되어 있다. 호텔 요금은 해마다 오르고 시설은 점점 더 좋아진다. 이 지역 내에 다른 호텔이 있으나 갈수록 입지는 줄어들고 서비스도 축소된다.

챔피언스리그는 축구에서 훌륭한 성과를 냈으나 한편으로는 축구를 산업화시켰다. 유럽의 상위 리그에서 뛰고 있는 바르셀로나, 아스날, 리버풀 등의 주요 클럽에는 관광객 겸 팬이 늘었다. 반면 전통 클럽을 오랫동안 사랑해온 진짜 팬들은 추운 바깥으로 밀려났다. VIP 패키지가 관중석보다 더 많은 돈을 지불하기 때문에 진짜 팬들은 스타디움에서 쫓겨나는 실정이다. 전통적인 소규모 클럽의 열성 팬 입장에서는 이제 기대를 품을 만한 경기가 없다. 재능 있는 선수들이 뛰어난 역량을 드러내는 순간, 빅 클럽의 영입 리스트에 오른다. 주요 후원사는 더 이상 작은 팀을 눈여겨보지 않는다. 대신 예산을 모아 유럽 챔피언스리그 클럽 한 곳에 거액의 예산을 지원한다.

오늘날 여러 부문에서 챔피언스리그가 형성되는 장면을 목격한다. 식품, 맥주, IT, 컨설팅, 파생상품, 제약, 자동차 타이어, 신용평가, 영화 등을 보라. 챔피언스리그는 사실상 과점인데도 불구하고 그렇

자이언티즘

게 간주되지 않는다. 물론 리그가 대형화되면 수준 높은 볼거리를 제공하는 등 이점이 있다. 하지만 부정적인 면도 있다. 진정으로 파격적인 혁신이 드물어지거나 오래 기다려야 하며 치열한 경쟁도 사라진다. 또한 식품, 맥주, 제약 분야에서 설명했듯 경제 이외의 측면에도 영향을 미칠 수 있다. 챔피언스리그는 공동체의 화합과 인간미 넘치는 상품이나 서비스 대신 산업화된 상품과 서비스를 제공한다. 최악의 경우에는 경제에서 인간성의 말살로 이어진다.

GIANT
ISM

4장

궁지에 몰린 개인

GIANT ISM

　3장에서는 스포츠로 예시를 들어 자이언티즘이 다양한 부문에 어떻게 확산되었는지 설명했다. 자이언티즘이 경제에 영향을 끼친 결과, 집중도는 높아지고 경쟁은 사라졌으며 진입 장벽은 높아지고 사회적 행동에 변화가 생겼다. 4장에서는 자이언티즘이 개인에게 미치는 결과에 대해 자세히 다룰 것이다. 불평등, 범죄와 같은 풍요병(diseases of affluence)의 주요 동향은 자이언티즘과도 관련이 있다. 앞에서 든 사례 일부를 다시 다루되 이번에는 인간을 거인의 반대편에 놓고 살펴볼 것이다. 개성주의(personalism)는 균형을 잃은 자본주의의 평형추가 될 수 있다.

| 월마트가 많아질수록 비만율도 증가한다 |

소매업은 가장 오랜 기간에 걸쳐 덩치를 키워온 부문일 것이다. 마트가 등장한 시기는 반세기도 더 된 '황금의 60년대'로 거슬러 올라간다. 과학자와 경제학자는 마트의 영향을 광범위하게 연구해왔다.

미국 소매업 분야에서 자이언티즘이 시작된 해는 1962년으로 볼수 있다. 이 해에 월마트, 타깃, K마트가 처음 문을 열었다. 마트의 개점은 지역 공동체에 큰 파장을 불렀다. 마트는 도시 중심부가 아닌 교외에 위치했기 때문에 사람들은 도보가 아닌 자동차를 타고 다녔다. 마트 주인은 예전부터 알고 지내던 동네 사람이 아니라 경영자였으며 타 지역 사람인 경우도 흔했다. 마트는 소매라는 이름과 달리 더 이상 작은 규모가 아니었다. 거대한 시설과 압도적인 주차장, 종류가 다양한 품목을 훨씬 싼 가격에 제공하는 경우가 일반적이었다.

1962년 이후 미국에서 월마트의 점포 숫자는 4,600개로 증가했다. 그동안 다른 주요 기업도 각각 1,000개 이상의 점포를 열었고 거대한 체인점도 새로 등장했다. 새로운 트렌드도 나타났다. 대규모 백화점에 작은 규모의 부티크boutique, 프랑스어로 '작은 점포'라는 뜻이다. 초기에는 고급 맞춤옷 가게에서 한 코너를 차지하며 향수, 모자, 스카프 따위를 파는 곳이었으나 점차 규모가 커지며 기성복, 각종 액세서리 등을 판매하는 매장 또는 가격대가 있는 개인 디자이너의 기성복을 취급하는 매장을 부르는 말로 바뀌었다. – 역주를 결합하면서도 전체적으로는 거대한 규모를 유지하는 쇼핑센터가 출현한 것이다.

최근 전자상거래가 활성화되면서 메가 소매업체가 타격을 받기는 했지만 여전히 건재하다. 구체적으로 살펴보면 월마트는 미국 전체 노동자 인구의 1퍼센트를 고용한다. 월마트는 미국 최대의 수입업체로, 연간 80만 개의 컨테이너를 들여오는데 제품의 70~80퍼센트는 중국산이다.

마트와 쇼핑센터의 대대적인 확산은 고용에 중대한 영향을 미쳤다. 매사추세츠 공과대학(MIT)이 2008년 수행한 연구에 따르면 마트는 소규모의 독립 사업체 형태로 가족이 주로 운영하는 영세한 가게의 일자리 절반을 사라지게 만들었다. 다른 연구에서는 대형 마트가 문을 열면 인근에 위치한 소규모 점포가 평균 14개 사라지는 것으로 나타났다.

사회적 영향은 여기에 그치지 않는다. 2011년 찰스 커트먼슈(Charles Courtemanche) 켄터키대학 교수는 하이퍼마켓hypermarket, 대형 마트와 같은 말. 슈퍼마켓보다 규모가 더 큰 것을 뜻하기 위해 'hyper'를 썼다. – 역주의 등장과 비만의 증가 사이에 직접적인 연관이 있다는 결론을 내렸다. 그는 하이퍼마켓이 한 곳 증가할 때마다 체질량지수(BMI)가 0.24단위씩 증가하고 비만율이 2.3퍼센트포인트 상승한다는 사실을 발견했다. 미미한 차이처럼 보이지만 그렇지 않다. 하이퍼마켓 월마트로 말미암아 1980년대 말 이후 비만율이 10.5퍼센트 상승했음을 의미하기 때문이다. 월마트에서 물건을 저렴하게 구매하는 것은 좋은 일이 겠지만 손상된 건강을 보상하기에는 충분치 않다. 소매점의 대형화에만 초점을 맞추면 저렴한 가격이 아주 도드라져 보이겠지만 큰 그림을 보는 순간 뭔가 이상함을 알아차린다. 소매점의 월마트화는 도

138　　　　　　　　　　　　　　　　　　　　　자이언티즘

리어 풍요를 줄이는 요인이다. 아주 간단하다.

소매 부문에서 진행되는 자이언티즘이 사회에 미치는 중요한 결과는 충분히 보고가 되었으나 여전히 널리 알려지지 않았다. 미국에서는 마을에서 지역 점포가 사라지면서 범죄율도 치솟았다. 월마트가 아직 존재하지 않는 지역과 비교해 보면 이를 손쉽게 확인할 수 있다. 게다가 월마트가 있는 지역에서 고용률과 세수 역시 하락한 것으로 확인되었다.

정치 지도자들이 미국의 월마트나 유럽의 이케아, 데카트론 같은 대형 쇼핑센터가 문을 여는 데 대해 여전히 긍정적인 태도를 보이는 것에 주목할 필요가 있다. 모든 데카트론이나 이케아 매장이 나쁘다거나 긍정적 영향이 없다고 말하는 것이 아니다. 예를 들어 데카트론 세계 최대의 스포츠 물품 소매업체 - 역주은 대중이 보다 쉽게 스포츠를 접할 수 있도록 만들어준다. 하지만 그러한 매머드 기업의 출현으로 나타나는 부정적 영향에 대해 충분히 생각할 기회가 있었는지 의문이 든다. 만약 악영향을 살필 기회가 있었다면 거대한 소매 기업이 투자 계획을 추진하기에 앞서 여론조사를 벌일 때 지방정부가 이들에게 우호적인 조치를 반복적으로 내놓거나 직접 보조금을 지급하는 것이 정상적으로 보이지 않았을 것이다. 토지를 저렴하게 구입할 수 있도록 해주거나 국가에서 대형 소매 기업의 점포에 기꺼이 진입로를 지어주는 경우를 생각해 보라. 지방정부는 대형 쇼핑센터가 들어서면 일자리 창출 효과가 높다고 대민 홍보 활동을 펼치지만 실제로 고용 효과가 있다고 근거를 제시하는 연구는 없는 실정이다. 지역사회

전반에 걸친 영향을 종합적으로 고려하지 않고 장기적 효과도 살피지 않은 채 지방정부는 대형 쇼핑센터 유치에 혈안이 되어 있다(3장 참고).

대형 소매업체가 아무런 이점이 없다고 말하고 싶은 것이 아니다. 대형 마트는 소비자의 선택지를 크게 늘리는 한편 소비자의 주머니 부담도 줄인다. 작은 독립형 점포에는 필요 없던 관리직도 생기는 등 일자리도 새로 만들었다. 하지만 이러한 이점은 일반적으로 장시간이 흘러야 드러나는 사회경제적 악영향에 비하면 아무것도 아니다. 작은 가게들이 하나 둘씩 문을 닫아 봐야 잘 표도 나지 않는다. 반면 공장의 폐쇄나 대형 체인점의 파산은 큰 숫자가 움직이기 때문에 확연히 눈에 띈다. 이런 것들이 착시를 만든다.

대형 공장이 문을 닫을 때마다 정치인들이 '고용 창출 방안'이라는 말을 앞세워 대형 체인점이나 쇼핑센터를 유치하기 위해 보조금을 제안하는 것은 어리석은 일이다. 역효과를 낳을 뿐 아니라 유치 사업을 통해 일자리가 생기면 흔히 인용되는 제조 부문의 지렛대 효과에 따라 다른 (공급) 부문의 일자리도 만들 수 있다는 생각은 오판이다. 제조 부문(산업, 소프트웨어 등)의 지렛대 효과는 소매, 물류, 유통 부문보다 몇 배 이상의 고용 창출 효과가 있다. 달리 말해 제조 부문이 사라지면 나라는 황폐화되며 국민이 생산보다 소비에 치중할 때 주머니는 더욱 얇아진다.

자이언티즘

| 사라지는 중산층 |

백화점 부문에서는 일자리와 자이언티즘 사이에 분명한 연관이 있다. 이는 접대 산업과 기타 지역 활동 등 몇몇 부문에서도 똑같이 발견된다. 하지만 자이언티즘이 인간관계의 변화와 같은 사회적 요소에 끼치는 영향은, 논의하기조차 어려운 점이 있다. 예를 들어 자동화가 고용에 미치는 영향에 대해 한동안 논쟁이 있었다. 일각에서는 자동화로 일자리 숫자가 줄지 않을 것이라고 주장한다. 하지만 일자리 붕괴를 겪게 되는 사람들이 사회성, 대인관계에 어떤 영향을 받을 것인지에 대해서는 뭐라고 주장을 펼치는 사람도 없고, 심지어 연구조차 수행되지 않는다. 그저 경제학자들은 자동화로 '어리석은 일자리'가 사라지고 '흥미로운 일자리'가 창출될 수 있다는 얘기만 입에 올린다.

그럴 가능성을 부정하지 않는다. 그러나 일부의 주장은 본질을 외면하고 있다. 일자리에는 경제적 기능뿐 아니라 숫자로 따지기 힘든 사회적 기능도 있다. 작은 가게가 '경세적 가치'가 없을 수도 있지만 분명히 사회적으로 수행하는 역할이 있다는 말이다. 동네 가게에서 과일과 채소를 구매하는 과정에서 가게 주인뿐 아니라 다른 손님들과 개인적인 소통이 일어난다. 대형마트에서 살 때와는 완전히 다른 기분을 느낄 수 있다. 사회 구조는 개인적 소통과 타인과의 만남을 통해 구성되며 상대방을 이해하는 방법도 터득하게 된다. 대형 점포는 이러한 소통에 별 관심이 없으며 오직 사고파는 데 주목할 뿐이다.

안타깝게도 경제와 사회에서 서로 겹치는 영역은 인기 있는 연구 분야가 아니다. 수치적 접근이 가능한 과학도 아니고 때로는 의견이나 연구 결과와 서로 상충된 현실이 펼쳐지기도 한다.

필자가 제시하는 분석은 일부분 통계와 철저한 연구를 바탕으로 하지만 일정 부분은 개인적인 해석이기도 하다. 경제적으로 자이언티즘을 입증하는 것은 꽤 쉬운 일이지만 사회적 영역에서는 연구가 진행되지 않았다. 그럼에도 자이언티즘은 불평등, 사회 이동, 풍요병(번아웃, 우울증, 비만 등), 기업가정신, 다양성과 같은 중요한 사회 현상과 함께 고려되어야 한다. 이 현상들은 오늘날 우리 삶 깊숙이 들어와 있다.

또 다른 중요한 사회 현상은 일자리의 양극화와 중산층에 대한 압박이다. 일각에서는 중산층이 사라지고 있다고 표현하기도 한다.

마튼 구스(Maarten Goos), 앨런 매닝(Alan Manning), 애나 살로몬스(Anna Salomons)는 유럽의 노동 시장이 양극화되고 있음을 입증했다. 한편에서는 저임금 일자리가 늘고 있는데 다른 한편에서는 고임금 일자리가 늘고 있다. 그 결과 모든 나라에서 중산층이 사라지고 있다(그림 28 참고).

낙관론자들은 과거에도 중산층의 형편이 좋았던 적은 없었으며 앞으로 더 부유해질 것이라고 주장할 것이다. 하지만 노동 시장의 양극화는 거의 모든 유럽 국가에서 나타나고 있다. 임금 수준이 높은 중산층은 거센 압박을 받고, 최고의 교육을 받은 인재를 차지하기 위한 경쟁이 치열해지면서 이들은 최고 수준의 연봉을 받게 된다.

미국 역시 중산층에 대해 우려한다. 유럽 연구자들은 미국의 불평등이 과세와 활발한 사회이동의 부재로 더 심해진다고 본다. 양극화를 조사한 연구자들은 세 가지 주요 원인을 찾아냈다. 바로 글로벌화, 재배치, 기술적 변화다. 특히 기술적 변화는 '반복적인 작업을 기반으로 하는 일자리의 종말'이라고 종종 요약된다.

오늘날 규모가 작은 기업은 대기업과 비교해 자동화 수준이 낮다.

:: 중산층의 실종 ::

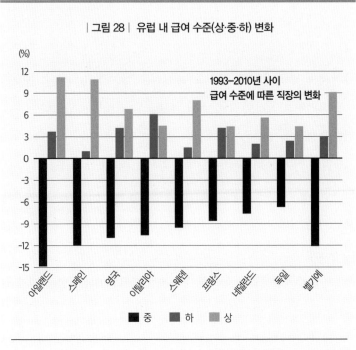

| 그림 28 | 유럽 내 급여 수준(상·중·하) 변화

출처 : Goos, Manning, Salomons(2013)

로봇화(robotisation)가 되려면 업무의 표준화가 필요한 경우가 많은데 대기업은 규모 덕분에 표준화를 이루기가 더 쉽다.

물론 독자들은 자이언티즘이 중산층을 사라지게 만드는 1차적 원인인지를 놓고 토론을 벌일 수 있다. 하지만 적어도 두 현상의 원인은 같은 것으로 보인다.

앞서 연구자들이 월마트화와 비만 사이의 연관성을 밝혔다고 언급한 바 있다. 최근 증가하고 있는 또 다른 중요한 풍요병인 우울증, 번아웃 등도 사회에 동일하게 중요한 의미를 갖는다. 번아웃을 호소하는 사람의 숫자가, 자이언티즘이 본격화되었던 최근 수십 년 동안 급격히 증가했음은 우연이 아닌 것으로 보인다. 거대 IT 기업에서 나타나는 번아웃 비율이 대표적인 사례다. 이와 관련된 포괄적인 연구 결과가 2018년 발표되었을 때 실리콘밸리는 충격에 휩싸였다. 직원의 50~70퍼센트가 거대 IT 기업의 엄청난 압박 때문에 번아웃을 겪고 있다고 보고했기 때문이다(그림 29 참고).

직원의 번아웃 비율은 애플이 57퍼센트, 마이크로소프트 57퍼센트, 아마존 59퍼센트, 구글 54퍼센트에 이르며 페이스북은 49퍼센트로 그나마 절반 미만이다. IT 업계가 21세기를 살아가는 모든 사람들의 지향점이 되어가는 상황에서 매우 높은 수치라고 할 수 있다.

번아웃 수치만으로도 독자들은 비즈니스 모델에 심각한 문제가 있다는 점을 충분히 확인할 수 있다.

전체 미국 경제에서 보고되는 번아웃 비율이 50퍼센트 미만이라는 점에서 IT 거대 기업의 번아웃 수치는 큰 문제가 있음을 분명히 보여준다. 하지만 이를 전체 대기업에 확대 적용할 수 있을까? 작은 기업 보다 대기업에서 번아웃이 훨씬 더 많다는 점은 사실일까? 안타깝게 도 이를 미국이나 유럽 경제 전체에 적용할 수 있을 만한 대규모 연구

:: 하이테크 기업에서 일해 볼까?
높은 번아웃 가능성 ::

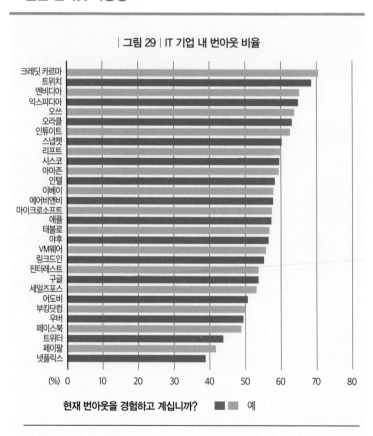

| 그림 29 | IT 기업 내 번아웃 비율

현재 번아웃을 경험하고 계십니까? ■ ■ 예

출처 : Blind

를 찾을 수 없었다. 하지만 기업의 '규모'가 번아웃 비율에 영향을 미친다는 점을 부분적으로 보여주는 흥미로운 연구가 있다.

미국 보건 부문에서 수행된 번아웃 연구다. 연구에 따르면 병원과 대형 의료기관 등 대형 기관에 근무하는 의사들 가운데 번아웃을 겪는 비율이 약 55퍼센트에 달한다. 5년 전에는 45퍼센트였다. 대형 병원 의사들의 번아웃 비율이 55퍼센트라는 점은 IT 대기업의 번아웃 수치와 비교할 만하다. 의사가 다른 사람의 건강 문제를 도와야 할 사람이라는 점을 고려하면 의사의 번아웃 비율은 특히 안타까운 점이 있다.

그런데 개인 병원에서 일하거나 작은 규모의 시설에서 근무하는 의사들의 경우는 결과가 달랐다. 이들의 번아웃 비율은 13퍼센트로 급락한다. 연구자들은, 소규모 의료 기관은 의사들의 독립성과 자율성이 높은데 이 차이가 번아웃 증후군에서 의사를 보호해 준다는 점을 발견했다.

이 연구결과는 매우 중요하다. 필자의 의견으로는 여러 주요 부문과 심지어 전체 경제에서 동일한 결과가 발견되리라고 생각한다. 번아웃이 복잡한 문제이기는 하지만 우리가 경제를 조직하는 방식과 상당 부분 연관되어 있다. 자이언티즘은 번아웃의 발생에 매우 중요한 역할을 한다고 생각한다. 대대적인 규모의 확장은 기업과 기관을 비인간적으로 만들었다. 이러한 조직은 사람과 소통하지 않고 인간의 잠재력을 기능, 측정 가능성, 합리성 등 로봇을 이용하는 것과 동일한 방식으로 취급하면서 감정이나 개인적 연관성은 최소화한다.

자이언티즘

'전문성에 방해가 될 수 있기' 때문이다.

  물론 모든 대기업을 똑같은 하나의 잣대로 다룰 수는 없다. 하지만 사람들이 거대한 조직에서 번아웃을 겪을 위험이 훨씬 크다는 생각에는 변함이 없다. 작은 기업이나 소규모 구조에서는 직원 간의 관계가 더 끈끈할 수밖에 없다. 직원들은 자신이 가치 있다고 느끼기를 원하며 업무에서도 개인적 유대감을 느끼길 바라며 단순히 직원이 아닌 인간으로 불리고 대접받기를 원한다. 이를 출발점으로 삼으면 조직의 규모와 번아웃 숫자 간 연관성을 확인할 수 있다. 번아웃이 업무의 비인간화, 회사에서 책임과 기능을 인간미 없게 만드는 현상으로 말미암아 발생한다면 자이언티즘과 번아웃 사이에는 연관성이 있다.

  이 분야의 연구가 한 단계 도약하기를 희망한다. 하지만 그러한 발전이 일어나기 전까지는 번아웃 관련 수치가 자이언티즘의 확대에 발맞춰 급격히 증가할 것이다. 이는 우려할 만한 사실이며 충분한 사회적 자각이 있을 때까지 우리는 떨어지는 낙엽에도 조심하며 정신건강에 유의해야 한다.

| 거대 정부, 공감 능력의 축소 |

  정부는 근접성(분산)과 효율성(집중화의 확대) 사이에서 끊임없이 선택을 해왔다. 도로망이 발전하고 선택할 수 있는 교통수단이 증가

:: 대규모 학교 : 폭력의 위험 ::

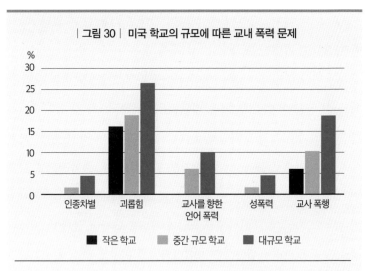

| 그림 30 | 미국 학교의 규모에 따른 교내 폭력 문제

출처 : 교육통계 요약본 2017, 미국 연방교육부

:: 대규모 학교 : 더 높은 범죄 위험 ::

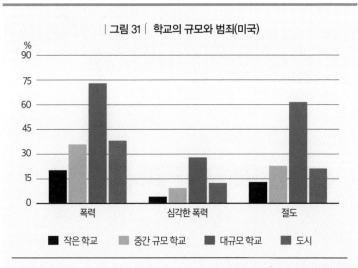

| 그림 31 | 학교의 규모와 범죄(미국)

출처 : 교육통계 요약본 2017, 미국 연방교육부

자이언티즘

하면서 정부는 중앙집권화를 추진했다. 그 결과 시민 간 거리는 멀어졌다.

관공서든, 병원 혹은 학교든 가리지 않고 모든 분야에 동일한 원칙이 적용된다. 조직이 커질수록 조직원 사이의 공감 가능성은 떨어진다. 이뿐 아니라 미국에서는 작은 학교보다 큰 학교에서 범죄가 훨씬 더 자주 발생하는 것으로 보인다(그림 30, 31 참고). 규모의 확대에 따라 문제도 증가한다.

큰 학교에서는 범죄뿐 아니라 괴롭힘도 빈번하게 발생한다. 괴롭힘은 청소년들 사이에서 가장 민감한 문제 중 하나이며 청소년의 우울증과 자살을 유발하는 중요한 원인 중 하나다. 학교 규모와 괴롭힘 사이에 실제로 중요한 상관관계가 있다면 대형 학교에 입학하는 아동이 자살에 이를 확률이 더 높다는 의미다.

대형 학교는 경제적으로 효율적일지라도 숨겨진 비용을 지불해야 한다. 이러한 결론과 연관성을 경제학자에게 듣게 될 가능성은 거의 없다. 바로 이 때문에 필자는 모든 서비스 규모의 확대를 촉구하는 정부에 신중한 태도를 취하고 비경제적 결과를 고려할 것을 요구한다. 비경제적 결과는 범죄, 괴롭힘, 자살 위험의 증가에서 그치지 않을 것이다. 또한 시민을 정부에서 멀어지게 만드는 것은 장기적으로 민주주의에 위기를 불러온다. 오늘날 우리가 '포퓰리즘(populism)'이라고 부르는 문제다.

필자는 여러 나라의 전략, 성과, 국민의 행복, 재정 안정성의 질적 수준에 대한 연구를 수행한 적이 있다. 모든 분야에 걸쳐 작은 나라

:: 국가도 작으면 좋다 ::

| 그림 32 | 분야별 가장 앞선 나라

전략 정부에 대한 신뢰	**효율성** 정부 효율성	**헌신** 국민 행복	**금융·재정** 재무성과
스위스 인도네시아 인도 룩셈부르크 노르웨이 캐나다 OECD 벨기에	싱가포르 스위스 덴마크 노르웨이 홍콩 중국 안도라	노르웨이 덴마크 아이슬란드 스위스 핀란드 네덜란드	노르웨이 대한민국 스위스 스웨덴 타이완 홍콩

작은 나라가 더 앞서나간다 ― 사회적 연대
― 안정적인 민주주의
― 대규모 단체에 대한 상대적인 독립성 유지

출처 : 딜로이트(Deloitte)의 "가장 잘 경영되는 기업(Best Managed Companies)"
프레임워크를 바탕으로 자체 계산

는 큰 나라보다 일관성 있게 높은 점수를 기록했다(그림 32 참고). 특히 '국민의 행복'의 경우 작은 나라에서 점수가 매우 높다. 다시 말해 국가의 크기는 국민의 행복 수준에 긍정적 효과를 미치지 않는다. 심지어 작은 나라는 효율성 면에서도 큰 나라보다 더 높은 점수를 기록했다.

물론 주의할 점은 있다. 작은 나라가 큰 나라보다 더 많다는 사실이

자이언티즘

다. 하지만 모든 요소를 나열해보면 작은 나라가 큰 나라보다 일관적으로 더 높은 점수를 받는 데는 이유가 있다. 사회적 응집성, 거대 기관으로부터의 독립성, 소속감 등이 작용한 결과이며 이러한 요소에 대해서는 이미 대기업과 소기업을 비교할 때 설명한 바 있다.

국민들은 정부의 공공 서비스를 이용하기 원하며 동시에 자녀가 숫자 이상의 의미를 지니는 학교에 다니기를 원한다. 또한 정부 서비스를 거리감 없이 이용하고 잘 이해하며 정책과 의사결정에 참여하기를 바란다. 국민은 경제가 원활하게 돌아가도록 만드는 데 더 없이 중요하며 사회가 단순히 경제 변수 이상으로 높은 점수를 받도록 하는 데도 중요하다.

노르웨이, 싱가포르, 스위스, 네덜란드, 덴마크, 한국이 질적 측면에서 높은 점수를 받는 것은 우연이 아니다. 같은 이유에서 사람들은 합병증이 생기거나 특수한 서비스를 받아야 하는 등의 문제가 발생하지 않는 이상 대규모 시설보다 소규모 학교와 병원을 선호한다.

| 도시가 커질수록 행복은 감소한다 |

도시는 오랫동안 존재해 왔으며 지금도 지구상에는 수많은 도시가 있다. 아테네는 절정기에 50만 명이 거주했다고 알려졌으며 알렉산드리아는 영광의 시기에 30만 명가량이 거주했다. 로마는 거주자가 100만 명을 넘어선 최초의 도시였는데 거주자의 절반은 노예였다.

이 정도 규모의 도시는 당시에는 대도시였으나 오늘날에는 지방도시라고 부른다. 오랫동안 파리, 런던, 뉴욕, 도쿄, 베이징은 대도시의 전형으로 간주되었다. 하지만 이제는 인구 규모 면에서 이들 도시를 위협하는 많은 도시가 생겼다.

현재 인구 100만 이상의 도시가 중국에만 100개가 넘는다. 메가시티는 정의상 인구 1,000만 명 이상이 거주하는 도시이며 현재 전 세계에 50개 이상의 메가시티가 있다. 도쿄, 상하이, 자카르타가 각각 인구 3,000만 명 이상의 도시로 1~3위를 차지하고 있다. 뉴욕은 상위 10대 도시에 겨우 들며(10위) 파리는 상위 30대 도시에도 못 낀다. 메가시티에는 낯선 이름도 몇 개 포함되어 있다. 이 도시들을 지도에 표시해 보라고 하면 실제 위치에서 500킬로미터 밖에 표시할 가능성이 높다.

'3,000만 명 이상'은 오늘날의 새로운 규범이지만 21세기 말이 되면 현재의 메가시티 역시 규모가 상대적으로 왜소해질 것으로 보인다. 이는 우리가 최소한으로 예견할 수 있는 부분이다. 2100년에 세계 20대 도시 중에는 오늘날 독자들에게 낯익은 이름이 거의 없을 것이며 세계를 누비는 사람들조차 실제 방문해 본 곳이 드물 것이다. 미래 메트로폴리스의 대다수는 더 이상 미국, 유럽, 아시아가 아닌 아프리카에서 탄생할 것으로 예상되기 때문이다(표 8 참고).

다시 말해 라고스, 킨샤사, 다르에스살람, 뭄바이(유일한 아시아 도시)가 미래에는 기가시티로 발돋움할 것이다. 그뿐이 아니다. 21세기 말이 되면 거대 도시가 전 세계적 현상이 될 것이다. 많은 전문가들

자이언티즘

| 표 8 | 2100년의 세계 20대 최대 도시 예상 인구

순위	도시	나라	2100년 인구 (단위 : 백만 명)
1	라고스	나이지리아	883
2	킨샤사	콩고	835
3	다르에스살람	탄자니아	737
4	뭄바이	인도	672
5	델리	인도	573
6	하르툼	수단	566
7	니아메	니제르	561
8	다카	방글라데시	543
9	콜카타	인도	524
10	카불	아프가니스칸	503
11	카라치	파키스탄	491
12	나이로비	케냐	467
13	릴롱궤	말라위	414
14	블랜타이어	말라위	409
15	카이로	이집트	405
16	캄팔라	우간다	401
17	마닐라	필리핀	400
18	루사카	잠비아	377
19	모가디슈소	말리아	364
20	아디스아바바	에티오피아	358

출처 : 세계도시협회(Global Cities Institute), 2014.

이 거대 도시가 기후변화에 대한 해결책이라고 보기 때문이기도 하다. 거대 도시에서는 '도시 스프롤urban sprawl, 도시의 팽창으로 도시 외곽이 난개발되는 현상 – 역주' 현상이 일어나는 지역보다 한 사람이 차지하는 면적이 더 줄어든다. 도시 스프롤 현상이 일어나는 곳에서 사람들은 도시의 중심 지역에서 인구밀도가 낮은 지역으로 옮겨 정원과 수영장, 기타 시설이 딸린 더 넓은 공간을 사용한다.

기본적으로 문제는 인구가 지나치게 많아서 발생하기 때문에 인구 숫자를 통제해야 해결될 수 있을 것 같다. 하지만 인구수 감소는 금기시되는 주제다. 반면 메가시티는 흥미로운 화두이며 도시는 효율적인 공간으로 회자된다. 스스로 달리는 기차, 지하철, 버스, 자동차로 도시를 완전히 자동화시킬 수 있다. 그렇다. 메가시티는 중앙집권적 계획자에게는 꿈과 같다.

하지만 중요한 질문이 남는다. 그런 도시에서 사람들은 행복할까? 사소한 질문이 아니다. 도시란 경제적으로 효율성도 높아야 하고 거주민들에게 만족감도 줘야 한다. 하지만 도시와 행복에 대한 연구는 드물다. 이 책에서 종종 언급됐듯 다수의 중요한 사회 문제에 경제적 잣대만 댈 뿐 사회경제적 차원에서 접근하는 경우는 드물기 때문이다.

도시는 시민들에게 여러 이점을 제공한다. 서비스와 소비에서 선택권을 누릴 수 있다는 점에서 편리하다. 걸어갈 수 있는 거리에 일터가 있어 값비싼 자동차가 필요 없을 수도 있다. 사회적 소통을 원하는 사람들에게 수많은 기회가 열려 있고 문화와 다양성이 풍부하다. 이밖에도 이점은 많다.

그럼에도 도시는 특히 밀집도가 높아질수록 행복과 멀어진다. 연구에 따르면 심각한 정신 질환에 걸릴 위험이 농촌에서보다 도시 지역에서 더 높다(Gruebner, 2017년). 개발도상국뿐 아니라 서양 국가에서도 마찬가지다. 예를 들어 스웨덴에서 수행된 포괄적인 연구(2004년, Sundquist)에서 400만 명 이상의 주민들을 조사한 결과 정신 질환이 도시에서 훨씬 많이 발병하는 것으로 나타났다(도시에서 조현병의 발병률은 도시 이외 지역보다 70퍼센트나 높았다.). 우울증을 겪을 위험도 높다. 행복지수가 가장 높은 국가에서도 정신 질환자의 대다수는 도시에서 발생한다.

과학 저널인 〈네이처〉(Abbott, 2012년)도 도시에서 받는 정신적 스트레스를 계량화했다. 연구는 도시 환경에서 조현병 진단을 받을 위험이 두 배 높다고 결론 내렸다.

도시에 녹지 공간이 부족한 것도 정신적 문제와 관련되어 있다. 네덜란드의 연구(De Vries, 2003년)에서는 녹지 공간이 10퍼센트인 지역과 녹지 공간이 90퍼센트인 지역을 비교했는데 10% 지역에서 우울증과 불안증 수치가 훨씬 높게 나타났다.

메가시티와 기가시티가 아동에게 미치는 영향은 아직 불분명하다. 그렇더라도 아동이 어떻게 심리적, 정신적으로 온전히 성장할 수 있을지 생각해볼 필요는 있다. 도시에서는 스포츠 경기를 하거나 참여할 기회가 제한적이기 때문에 발육성장이 저해된다. 창의성이 미래의 직업에 중요한 역할을 하는 사회에서는 도시가 창의적인 미래 세대에게 이상적인 환경인지 자문해봐야 한다. 그렇다면 아파트에서 자라는 아동이 몸을 덜 움직인다는 호주의 연구(Randolph, 2006년) 결과는 당연한 것이다.

아동의 창의성 개발에 미치는 영향 외에 비만과 관련된 질병의 위험도 상승한다는 점을 주목해야 한다. 영국의 연구(Evans, 2002년)는 도시 중심지의 아파트에서 거주하는 아동의 93퍼센트에게 행동 장애가 나타난다고 밝혔다. 이러한 수치는 저층 건물에서 자라는 아이들과 비교해 훨씬 높다. 사회적 교류가 활발하게 일어나는 곳에서 살면 만족도가 높아지기도 한다. 예를 들어 농촌의 저층 주택에 거주하는 사람들은 사회적 교류가 더 빈번하며 인구밀도가 높은 고층 건물에서 사는 남성이나 여성보다 더 행복한 것으로 보인다.

도시 거주로 발생하는 다른 건강 문제도 있다. 시야가 제한되어 근시가 되고 소음에 노출되면서 청력이 손상된다. 오늘날 도시의 대기질이 나쁘다는 것은 말할 필요도 없다. 이는 암과 폐 질환의 증가로 이어진다.

의학 저널 〈란셋〉은 특히 신흥시장의 메가시티가 건강에 미치는 영향에 대해 충격적인 논문을 게재했다. 연구자들은 빈약한 영양이나 영양실조, 비만 위험, 과도한 식품 가격, 빈곤 문제를 지적하고 농촌보다 도시에서 유방암 발병률이 높게 나타나는 중국과 이집트 연구를 소개했다. 의사들은 잔류 농약과 PCB, 다이옥신, 중금속과 같은 산업 오염물질인 내분비계 교란물질(제노에스트로젠)이 공업적으로 생산된 식품에 포함되어 체내에 다량으로 축적되는 것을 문제의 원인으로 꼽았다.

연구는 도시의 폭력 문제도 조명했다. 폭력은 주로 여성에게 영향을 미치며 성병의 위험도 높다.

세계 50대 도시에 대한 심도 깊은 연구에서는 브라질 상파울루에서 이 같은 건강 문제가 발생하고 있는 것이 확인되었다. 상파울루 시민의 30퍼센트 이상이 정신적 문제를 겪고 있는 것으로 드러났으며 연구진은 인구밀도에서 연관성을 찾았다. 보고서는 '세계 인구는 주로 메가시티에 거주하게 될 것으로 예상된다.'는 문장으로 시작한다. '도시화는 사회적 불평등뿐 아니라 스트레스의 증가로 이어질 것이다. 상파울루 메트로폴리탄지역(SPMA)은 신흥국가의 도시 지역이 정신 질환의 영향을 받게 될 것을 여실히 보여주는 예다.'

호주의 토니 렉세이(Tony Recsei) 교수는 도시화와 더불어, 도시화가 건강과 행복에 미치는 영향을 연구했다. 렉세이 역시 인구밀도가 낮은 지역에 사는 사람들이 더 행복하고 건강하다는 증거가 충분하다고 결론 내렸다. 오늘날의 자이언티즘은 우리에게 그 반대를 확신시키려 한다. 메가시티와 기가시티는 도시 계획자뿐 아니라 대중을 다스릴 단순한 방법을 원하는 정책 입안자에게 꿈과 같다. 하지만 비둘기집 같은 공간에 갇혀 지내고 다른 인간에게서 고립되며 그저 호모 에코노미쿠스(homo economicus)로 취급받는 것은 인간의 본성에 위배된다. 사회적 교류, 자유, 자율, 자연과의 소통은 인간을 행복하게 만드는 기본적인 요소다. 그 어느 때보다 더 크고 거대한 도시를 향해 가는 추세는 자이언티즘의 결과이며 사람을 행복하게 만들 수 있는 구조와 전혀 어울리지 않는다.

분산과 작은 국가, 작은 도시에 더 큰 역할을 맡기는 조치는 급속히 확산되는 자이언티즘에 균형을 잡는 역할을 할 수 있다. 하지만 4장에서 분명히 지적했듯 거대 도시가 살 만한 공간으로 계속 기능하려면 인간의 필요에 따라 바뀌어야 한다. 기가시티는 사람들을 더 행복하게 만들지 못한다. 따라서 탈선이 이어지지 않도록 제한조건을 마련해야 한다.

| 통제 불능의 인구 증가 |

세계 인구는 19세기 초까지 안정적인 추세를 유지했다. 당시 지구에는 인구가 10억 명 정도였다. 이후 20세기 초까지 숫자가 완만하게 증가하다가 제2차 세계대전 이후 급격히 증가하여 1980년 초까지 해마다 약 2퍼센트 늘었다. 이후 성장세는 다소 둔화되어 연 1퍼센트 수준으로 내려갔으나 그 와중에도 세계 인구는 50억 명에 이르는 등 증가세를 유지했다.

그리고 오늘날에는 인구가 70억 명을 넘겼다. 서양의 인구성장률은 정체되어 있으며 마이너스 성장을 보이는 나라도 있으나 세계 최대의 대륙인 아프리카에서 새로운 인구폭발이 진행되고 있다. 유엔은 아프리카 대륙의 인구가 21세기 초 10억 명 남짓에서 2100년에는 45억 명에 이를 것으로 추산했다. 이후 아프리카의 인구는 아시아를 뛰어넘을 전망이다.

전 세계 인구는 75억 명에서 110억 명 이상으로 증가할 수 있다. 200년 후에는 세계 인구가 약 7배 증가할 수 있으며, 산업혁명 초기처럼 인구 부양 능력을 갖추게 되면 10배 이상 증가할 가능성마저 있다.

아프리카의 인구 증가뿐 아니라 인간의 수명이 더 길어지는 것도 문제의 원인이다. 스웨덴의 의사이자 교수인 한스 로슬링(Hans Rosling)은 수명 연장이 세계 인구 증가로 이어지고 있다고 지적했다. 앞으로 의학 기술은 더욱 발전할 것이고 인간 수명은 더욱 늘 것이다.

이미 새로운 수십 억 지구인에게 식량과 주거지를 공급하기 위해 더 큰 선박, 더 큰 항구, 더 큰 도시를 만들려는 계획이 진행되고 있다. 인구 증가가 자이언티즘으로 이어지면서 질병, 범죄, 불평등이 증가하고 사람들의 행복 수준이 떨어진다는 과학적 증거가 넘쳐나지만 오늘날 이 문제를 논하는 세계 지도자는 없다.

통제 불능 수준의 인구 증가는 사회경제적 생활뿐 아니라 기후에 직접적 위협을 가한다. 오늘날 이 주제가 논의되지 못하는 것은 과학적 정보가 부족해서가 아니다. 정치적 용기와 현실감각이 없기 때문이다.

:: 옐로스톤의 늑대 ::

이 책에서 다루고 있는 균형에 관한 한, 자연은 언제나 훌륭한 교사다. 필자는 이 밖에도 다양한 이유로 자연을 사랑한다. 특히 야생, 거대한 자연공원, 산, 외딴 지역을 좋아한다. 언제나 자연은 새로운 균형을 찾아낸다. 자연에는 시간 여유가 있으며 어느 정도의 기간이 흐르면 분명한 결과가 서서히 드러난다.

미국의 옐로스톤 자연공원은 환상적인 장소다. 공원을 유명한 관광지 위주로 둘러볼 수도 있지만 이곳에는 훼손되지 않은 자연이 남아 있고 잘 알려지지 않은 드넓은 지역도 있다. 관광 코스에서 500미터만 더 들어간다면 다른 관광객을 한 명도 마주치지 않게 될 것이다.

1907년 정치적 압력에 부딪친 공원 관리자들은 옐로스톤의 엘크말코손바닥사슴 – 역주를 포식 동물로부터 보호하기 위해 근절 대책을 마련했다. 이 프로그램에 따라 사냥꾼들은 늑대를 마주치면 총을 쏠 수 있도록 허가를 받았는데 20년도 채 지나지 않아 한 마리의 늑대도 남지 않게 되었다. 그러자 공원 내 엘크의 개체수가 급증했다. 엘크가 늘자 엘크의 먹이였던 일부 수목과 식물 종이 사라졌고 옐로스톤에서 하상 침식흐르는 물에 의해 하천 바닥의 흙과 돌이 쓸려가는 현상 – 역주과 관련된 부작용이 발생했다.

유튜브에 가면 옐로스톤에서 늑대 개체를 다시 늘리기 위해 노력한 과정을 담은 동영상을 시청할 수 있다. 이 동영상의 조회 수는 수천만 회에 달한다. 당국은 1995년에 31마리의 늑대를 옐로스톤에 풀어놓았는데 이 조치는 공원에 거대한 효과를 일으켰다. 이전까지 천적이 없었던 엘크는 늑대의 사냥감이 되었다. 그 결과 엘크의 수가 크게 줄었고(그림 33 참고) 하천에서 엘크가 자취를 감췄다. 그러자 엘크 떼의 먹성 때문에 자라날 기회가 없었던 관목과 수목이 다시 무성해졌다. 식물이 새로 자라자 침식현상이 줄어들었고 망가졌던 곡류하천뱀처럼 구불구불 휘어 있는 하천 – 역주이 증가했다. 다시 말해 몇 마리의 늑대가 옐로스톤의 지형을 완전히 바꾼 것이다.

어린 늑대 몇 마리가 변화를 가져오다

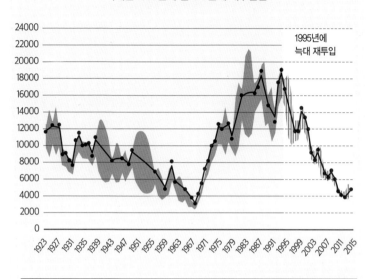

| 그림 33 | 1923-2016년 사이 옐로스톤 내 사슴 수.
늑대는 1995년에 옐로스톤에 재투입됨

출처 : 옐로스톤 사이언스(Yellowstone Science)

자연은 작은 일이 거대한 결과를 가져올 수 있음을 우리에게 가르쳐준다. 특히 옐로스톤의 사례는 큰 문제라고 해서 꼭 거창한 해결책을 필요로 하는 건 아님을 보여준다. 심각한 하천 침식으로 곡류가 줄어든 문제를 해결하기 위해 거대한 댐을 건설하는 방법도 있다. 엔지니어들은 여러 해 동안 트럭 수천 대 분량의 콘크리트 수백만 톤을 사용해 거대한 구조물을 지었다. 하지만 그저 늑대 몇 마리를 야생에 풀어놓는 것만으로 문제를 해결할 수 있다.

자이언티즘도 마찬가지다. 우리는 더 작은 규모로 사고하고 (인간) 본성에 가까운 최소한의 간섭으로 경제를 더 건전하게 만들어야 한다.

또한 자연은 곤충과 설치류 같은 작은 생물체보다 공룡이 기후변화에 더 취약했음을 우리에게 일깨워준다. 공룡은 멸종하고 말았지만 작은 생물체는 살아남았다. 오늘날 가장 큰 문제는 지구에 인구가 지나치게 많다는 점이다. 110억 명에서 200억 명으로 증가하는 인구를 위해 시설을 계속 만들어서는 문제를 해결할 수 없다. 110억 인구의 규모가 더 작고 지속가능한 수준으로 증가할 수 있도록 합의를 이뤄야 한다.

자이언티즘이 사회에 미치는 영향은 분명하다. 대형 기관은 규모의 경제와 같은 이점을 안겨주지만 사회적으로 스트레스, 비만, 대기오염, 암, 번아웃 등의 부정적 결과를 낳는다. 거대한 규모에서는 인간이 중심에 서지 못한다. 경제의 인간성 말살은 여러 모습으로 나타난다. 옐로스톤의 비유는 늑대 몇 마리와 같은 작은 변화로도 생태계에 큰 영향을 미칠 수 있음을 알려준다.

경제 생태계를 장악한 월마트, 이케아, 아파트가 아닌 대형 공원, 놀이터가 사회에 큰 영향을 미칠 수 있다는 것은 그리 놀랄 일이 아니다. 우리는 오랫동안 유지돼온 중요한 경제적 의사결정이 사회에 어떤 부정적 영향을 미쳤는지 과소평가했다. 또한 생활환경에서 작은 규모가 갖는 중요성을 무시했다.

작은 변화가 큰 결과를 만들 수 있다는 생각에 동의한다면 우리는 정책 결정자도 생각을 바꾸도록 만들어야 한다. 옐로스톤의 늑대는 수십 년 만에 생태계가 균형을 되찾을 수 있는 작은 변화에 대한 믿음을 보여주는 비유다.

"

작은 변화가
큰 결과를 만들 수 있다는 생각에
동의한다면
우리는 정책 결정자도
생각을 바꾸도록
만들어야 한다.

"

GIANT ISM

5장

사기꾼들

'경제(economy)'는 고대 그리스어 오이코스(oikos, '집' 또는 '가족'을 의미)와 노모스(nomos, '규칙')에서 유래된 단어다. 경제학은 사람들이 어떻게 상호작용하는지 다루는 학문이다. 이 때문에 게임의 규칙과 합의가 결과를 어떻게 변화시키는지 관심을 기울인다.

오늘날 게임의 규칙은 '대형화'를 조장하거나 심지어 장려하는 것 같다. 그 결과는 경제를 넘어 인간과 사회의 다방면에 영향을 미친다. 저렴한 소비재, 효율성, 표준화와 같은 긍정적 측면도 있지만 앞에서 언급한 여러 부정적 결과도 있다. 자이언티즘에는 소름 끼칠 만큼 해로운 효과가 있으며 앞으로 경제라는 게임에 참여하고 있는 더 많은 행위자가 이 사실을 분명히 깨닫게 될 것이다.

때때로 좌절은 경제 시스템의 거부로 이어진다. 무역, 국제협력,

자이언티즘

사업, 자본주의, 경제에 대한 반대가 그 예이며 이러한 태도를 단순
주의simplism, 이면의 복잡한 요소는 주목하지 않고 눈에 띄는 소수의 요소만 고려하는 태
도 – 역주, 포퓰리즘populism, 미국의 'Populist Party', 즉 민중당의 정치·경제적 이념을
부르는 말로 '민중주의'라고도 한다. 지금은 인기에 영합한 정책이나 태도를 가리키는 말로
쓰이며 '단순주의적 태도로 사태에 접근하는 방식'을 의미한다. – 역주, 급진주의, 아나
키즘, 반세계화운동 등으로 부를 수 있다.

실상 경제학은 협력하고 무언가를 함께 만들고 교환하고 문제를 해
결하며 더 나은 해결책을 추구하는 인간에 대한 학문이다. 효율성만
을 추구하는 비인간적인 체계가 아닌 사람 냄새 풍기는 학문이다.

사람들은 절대 현재에 만족하지 않으며 새로운 경험과 낯선 대상
에 호기심을 품는다. 우리는 이를 진보라고 부른다. 그런데 반대편에
선 이들이 있다. 눈앞의 현상을 과장하고 진보의 중단을 외친다. 경
제 성장을 거부하고 경기침체를 추구하는 위험한 주장들이다. 하지
만 진보를 포기하는 것은 인간성을 제한하는 행위나 마찬가지다.

| 성장은 정상이다 |

대다수의 일반인에게 경제 성장이란 오감을 통해 느낄 수 있는 감
각이 아니라 순수한 개념과 유사하다. 성장을 피부로 느끼기란 매
우 어려운 일이기 때문이다. 예를 들어 벨기에의 경우 경제 성장률이
0.5퍼센트일 때와 1.5퍼센트일 때 체감 경기에는 별 차이가 없다. 호

황이나 극심한 불황과 같은 극단적 상황이 아니라면 누구도 경제가 좋은지 나쁜지 알아차리지 못한다. 연평균 성장률은 변화를 눈치 채기에는 속도가 더디다. 하지만 기간을 10년으로 늘려 잡으면 진보가 이뤄졌음을 알아차릴 수 있다. 대다수의 사람들은 이를 '편안함의 증가'로 식별한다. 과거에는 텔레비전과 자동차, 냉장고가 쇼핑 리스트에 적혀 있었다면 요즘에는 에어컨, 스마트폰, 아동용 게임기기가 사고 싶은 물건이 되었다. 물론 넷플릭스 구독도 빼놓을 수 없다.

지난 20년 동안 서양 경제의 평균 성장률은 연 2퍼센트 수준이었다. 늘 고른 성장세가 유지된 것은 아니다. 가파른 성장을 이룬 기간도 있고(20세기 '황금의 60년대') 성장이 둔화된 시기도 있었다(19세기 초). 2퍼센트의 성장률이 매우 저조해 보이지만 그렇지 않다. 35년마다 평균적인 부의 수준이 두 배가 됨을 의미하기 때문이다. 1년, 2년이 아니라 10년, 20년처럼 시간을 펼쳐서 길게 보면 다른 그림이 펼쳐지고 장기적으로 꾸준히 성장하는 게 얼마나 중요한지 알 수 있다.

산업혁명 이전은 경제 성장을 논하기 어려운 시대였다. 심지어 마이너스 성장을 기록한 때도 있었다. 예를 들어 서기 0년에서 1000년 사이에 서양 경제는 침체에 빠져 있었는데 이는 로마 제국의 몰락과 이후 유럽에 닥친 암흑기와 주로 관련되어 있다. 1500년 이후에는 괄목할 만한 진전을 이룩했지만 성장률은 연 0.5퍼센트를 넘지 못했다. 당대의 글로벌 선두주자였던 네덜란드조차 성장률이 연 0.6퍼센트에 불과했다. 지금 기준으로는 경기 침체 수준이다.

대단한 기술적 진보가 있었다는 점을 고려하면 우리가 이 시기의 성장을 과소평가하는지도 모른다. 이 기간 유럽은 아시아, 아프리카, 라틴아메리카와의 교역량을 늘렸다. 인류 최초의 세계화 붐이 일던 때이기도 하다. 선박 건조, 탐험, 금융 분야에서도 혁신이 일어났다.

그럼에도 성장은 제한적이었다. 경제학자들은 여전히 그 원인에 대해 갑론을박을 벌이고 있다. 영국의 인구학자이자 경제학자인 토머스 맬서스(Thomas Malthus, 1766~1834)는 비관적 경제이론에 몰두했는데 그는 인류가 원자재와 식량 부족으로 한계에 부딪칠 것이라고 주장했다.

생산성 향상 역시 보잘것없었다. 주요 동력은 여전히 사람과 가축의 힘이었다. 기계가 발전하고 석유를 주요 에너지원으로 쓰기 시작하면서 비로소 인류는 놀라운 생산성 향상을 이뤘고 경제도 본격적인 성장 궤도에 올랐다.

1820년 이후에는 성장이 가속화되었다. 이 시기를 '산업혁명'이라고 부르지만 '자본주의 시대'라고 부르는 것이 더 적절해 보인다.

오늘날 서양의 성장률은 동양에 비해 낮다. 중국의 성장률은 10년 전보다 절반 수준으로 하락했지만 해마다 서양보다 두 배 높은 수치를 기록하고 있다. 1973년 이후 중국의 연평균 성장률은 7.5퍼센트까지 상승했는데 이는 중국의 부가 10년마다 두 배 증가했다는 뜻이다. 지금은 성장 속도가 둔화되었지만 여전히 중국은 세계 경제 성장에 크게 기여하고 있다. 인도와 다른 아시아 국가들의 성장률 역시 돋보인다.

일부에서 주장하는 제로 성장은 여러 이유에서 터무니없으며, 자이언티즘이나 기타 경제적 과잉에 대한 해법이 될 수 없다.여기서 말하는 '제로 성장'은 경제가 과잉 상태에 빠져서 어쩔 수 없이 제로 성장에 도달하게 될 것이라는 부정적 예언을 의미하는 게 아니다. 현재를 '과잉'으로 진단하고 이를 해결하기 위해 제로 성장으로 가야 한다는 극단적인 주장을 의미한다. – 역주. 경제 성장은 막을 수 없는 다양한 과정에 따라 발생한 합리적 결과이기 때문이다. 성장의 동력으로는 다음에 든 3가지를 비롯해서 여러 가지를 꼽을 수 있다.

첫째, 높은 인구 성장

인구 성장률이 높은 나라는 자연스럽게 견조한 경제 성장세를 보이게 마련이다. 늘어난 인구가 경제활동에 참여하면서 국내에서 벌어들인 소득, 즉 국내총생산(GDP)이 빠르게 증가한다. 국가의 경제적 성과를 비교하기 위해 경제학자들은 보통 '1인당 GDP' 증가율을 계산하여 인구 증가에 따른 차이를 없앤다. 이민도 인구 증가의 원인이다. 예를 들어 미국에서는 이민이 중요한 요소이며 서유럽에서도 이민의 중요성은 점차 커지고 있다. 미국과 유럽의 성장률 차이는 대부분 인구 증가율의 격차에 따른 것이다. 세계은행에 따르면 EU의 1인당 GDP 증가율(즉 인구 증가율을 조정한 수치)은 1998~2018년 동안 연 1.4퍼센트였다. 같은 기간 미국은 연 1.3퍼센트 증가했다. 이 수치 이상의 차이는 일부분 회계적인 조정의 결과다. 다른 분야와 마찬가지로 경제에서도 성과를 최대한 돋보이도록 노력하는 것은 흔한 일이다.

자이언티즘

둘째, 수렴(convergence) : 앞선 국가 따라가기

사이클을 타본 사람이라면 잘 알 테다. 스스로 속도를 내는 것보다 경쟁자의 뒤에 붙어서 가는 것이 더 쉽다는 사실을 말이다. 경제도 마찬가지다. 앞서 가는 나라를 따라 가며 빠르게 성장하는 나라가 있다.경제성장 이론의 하나인 '솔로 모델'은 후진국이 빠르게 경제성장을 이뤄 선진국과 동일한 소득 수준으로 수렴할 것이라는 내용을 담고 있다. 이후 솔로 모델의 '수렴'은 논쟁을 불러왔고, 현재는 조건부 수렴이 실증되었다고 보는 입장이다. – 역주. 예를 들어 오랫동안 동유럽 경제를 견인한 것은 서유럽이 창출해놓은 부였다. 반면 유럽은 미국이 창출한 부로 이익을 봤다. 중국은 정부가 개방을 허용한 이후 서양에 힘입어 가파르게 성장했다. 이는 어느 지점에 이르면 앞선 국가가 자신의 독주를 저지하는 추월자를 만나게 된다는 뜻이기도 하다. 여러 나라가 선두 국가를 모방하지만 더 높은 성과를 이루려면 더 나은 비전을 갖추어야 한다.

셋째, 기술 발전 : 기술 선도를 통한 성장

우월하거나 보다 효율적인 기술/지식을 보유한 나라도 장기적으로 너 높은 경제 성장률을 기록한다. 하지만 차이는 그리 크지 않다. 다른 나라에서도 점차 동일한 기술을 채택하기 때문이다.

제로 성장을 주장하는 사람들은 경제 조정을 통해 인위적으로 성장률을 낮출 수 있다고 말한다. 그런데 위의 세 가지 성장 동력을 보면 경제 펀더멘털이 강하다고 성장률이 높은 게 아닐 수 있다. 성장률은, 첫째 성장 동력인 인구 증가율만 높아져도 얼마든지 잘 나올 수 있다. 인구 증가를 빼고 계산한 1인당 GDP 증가율 역시 수렴 등의 방식으로 얼마든지 올라갈 수 있다.

이 때문에 제로 성장은 세계가 실행할 수 있는 옵션이 아니다. 인구 증가에 대해 세계적으로나 지역적으로나 아직 합의된 바가 없다. 국경과 무역은 개방되어 있기 때문에 융합이 자연스럽게 일어난다. 또한 기술 진보에 금지도 존재하지 않는다. 설사 유럽이 집단적으로 더 이상 성장하지 않기로 결정하더라도 이를 세계의 다른 지역에 강제할 수는 없다. 게다가 그러한 결정은 유럽을 빈곤하게 만들 것이며 유럽인들은 세계의 다른 지역에 뒤처져 기술적 돌파구를 놓치게 된다.

즉 제로 성장을 지지하는 사람들은 경제 성장의 동력에 대해 완전히 무지한 것이다. 성장이 반드시 '더 많음'을 의미하는 것은 아니며 '더 나음'을 뜻할 수도 있다. 제로 성장을 강제하는 것은 적은 이산화탄소로 에너지를 만들기 위한 해법을 더 이상 찾지 않음을 의미한다. 또한 하천, 바다, 대양에서 미세 플라스틱을 제거하는 방법을 더 이상 모색하지 않음을 뜻한다. 암을 치료하는 신약도 더 이상 개발하지 않음을 의미한다. 제로 성장의 추종자들은 대체로 믿지 못하겠다는 태도를 취한다. 제로 성장은 인간이 창의성을 발휘하지 못하도록 가로막으며 미래 세대가 세상을 더 나은 곳으로 만들 이유를 빼앗는 것이다.

그렇다고 가능한 최고치의 성장률을 목표로 삼아야 한다는 말은 아니다. 선진국에서 일인당 2퍼센트를 넘는 성장률은 성장 호르몬을 주사해야만 가능한 일일 것이며 우리 모두가 알고 있듯이 이는 과잉을 낳는다.

그렇다면 선진국 경제란 연 0.5~1.5퍼센트에 인구 증가율을 더하거나 뺀 수준으로 성장하는 게 일반적이라는 혹자들의 말처럼 가야 할까? 필자가 '느린 경제'를 언급할 때는 이런 숫자나 '경기 침체'를 가리키는 것이 아니다. 이번에도 자연은 우리에게 영감의 원천이 된다. 빠르게 자라는 나무는 뿌리가 약한 반면 천천히 자라는 나무는 더 오래 살아남고 악천후나 위기를 잘 견뎌낸다. 빠른 경제 성장은 부채나 버블 등으로 경제 과잉을 빚어낼 뿐 아니라 사회를 와해시킬 수 있다. 느린 경제 성장률은 사람들이 잘 적응할 수 있는 기회를 준다.

| 경제 성장에 무슨 문제가 있는가? |

물론 오늘날의 경제 성장에는 분명한 부정적 결과가 있다. 이산화탄소 배출과 기후 문제 사이에는 연관성이 있으며, 대기 중의 이산화탄소와 현재의 경제 모델 사이에도 연관성이 존재한다. 화석 연료를 기반으로 한 막대한 에너지 소비가 오늘날의 경제 모델을 견인한다. 하지만 이처럼 해로운 결과는 경제 모델의 원칙보다는 우리가 택한 경제 체제의 유형과 관련이 더 깊다. 나아가 과거 경제 체제의 부정적 효과를 상쇄하기 위해 우리가 추구하는 해법이 미래의 경제 성장에 큰 영향을 미칠 것이다.

경제 성장을 해결책이 아닌 문제로 보는 시각은 비경제학자와 근시안적 평론가들이 흔히 저지르는 실수다. 지속가능한 성장을 지지하는 것은 완전히 다른 이야기이며 저자는 지속가능한 성장에 100% 동의한다. 하지만 지속가능한 성장을 강제하기는 어렵다. 지속가능한 성장은 가격 인상과 같은 경제적 인센티브로 촉발될 가능성이 높다. 또한 지속가능하지 않은 성장을 일으키는 요소가 무엇인지 이해하면 도움이 되는데 자이언티즘을 촉발시키는 효과도 일부분 연관되어 있기 때문이다.

다시 말해 우리가 지속가능한 성장이 무엇이며 어떤 요소가 지속가능한 성장을 활성화하는지 제대로 이해하면 자이언티즘은 억제될 것이다. 즉 자이언티즘을 일으키는 인센티브를 제거하면 지속가능한 성장을 향한 발걸음을 뗄 수 있다.

오늘날의 경제 성장은 심각한 오염을 일으킬 뿐 아니라 나중 세대에도 영향을 미친다. 현 세대는 환경오염과 같이 미래에도 영향을 끼치는 일은 고려치 않은 채 최대한의 경제 성장을 달성하려고 노력한다. 수차례 언급했듯 부채의 증가도 미래에 책임을 전가하는 일이다. 정상적이라면 수년에 걸쳐 모을 수 있는 돈을 미리 당겨서 쓰는 게 부채다. 달리 말하면 부채는 경제 성장의 시기를 앞당긴다. 주택과 학교를 짓고, 정보통신기술과 인프라에 투자하는 것은 바람직한 일이라고 주장할 수도 있지만 때로는 이러한 투자조차 옳지 않다. 생산과잉으로 이어지는 투자는 사태를 악화시킨다.

과잉 상태에서 정부가 금리 인하라는 강력한 수단으로 쉽게 빚을 내도록 만들어 투자를 장려하면 상황은 악화된다. 성장 압박에 내몰린 정부는 케인스주의자가 되어 국채를 늘리고 쓸모없는 대규모 인프라 사업을 벌인다. 이는 경제적으로 봐도 비생산적일 뿐 아니라 자연과 인간을 공격하는 짓이다. 케인스주의자의 돈만 많이 들고 쓸데없는 '흰 코끼리'는 자이언티즘을 더욱 부채질한다. 고대 태국의 어느 신하가 왕에게 흰 코끼리를 선물 받았다. 그런데 이 코끼리에게 일을 시키기도 그렇고, 버릴 수도 없었다. 결국 코끼리 사료비만 축내다가 금고가 텅 비고 만다. '흰 코끼리'는 이 고사에서 유래한 표현이다. – 역주.

공공 부채는 국가가 그 모든 부정적 효과를 무릅쓰고 과도한 경제 성장을 부추기는 이유 중 하나다. 대다수의 국가가 부채 수준이 심각하다. 눈에 보이는 부채(공공 부채)뿐 아니라 숨어 있는 부채도 있다. 사업 자금이 없는 상태에서 공약을 남발하는 것이 좋은 예다. 당선되는 게 목표인 정치인들로서는 공약의 유혹을 피하기 어렵다. 또한 문제 해결을 나중으로 미루는 경우도 있다. 대다수의 나라에서는 연금과 보건비용, 환경과 기후변화 문제에 대비하기 위한 적립금을 충분히 쌓아두지 못하고 있다.

오늘날 정부가 성장률을 최대한 끌어올리기 위해 노력할 이유는 많다. 특히 성장률을 높이지 않으면 시스템의 일부가 붕괴할 수도 있다. 그러나 설령 타당한 이유가 있더라도 정부라면 빚을 투입하는 정책이 과잉을 일으킨다는 사실을 알고 있어야 한다. 자이언티즘과 같은 과잉뿐 아니라 (디플레로 이어지는) 생산 과잉이나 사회적 역효과(예를 들어 실속 없이 일자리를 과도하게 창출하는 경우 또는 혁신을 비롯하여 일자리 창출, 신규 기업 창출을 가로막는 것)도 발생할 수 있다. 이러한 점에서 중앙은행은 정부의 협력자다.

정부 입장에서는 기존 금융시스템을 유지하는 일이 매우 중요하다. 그러다 보니 정부는 국가가 실물 경제와 사회에 간섭할 때 장기적으로 초래되는 결과 따위에는 눈을 감는다. 물론 금융시스템은 중요하기 때문에 눈을 뗄 수는 없겠지만 그렇다고 개입이 늘 필요한 것은 아니다. 금융시스템은 장기적으로 보면 스스로 안정을 찾을 수 있기 때문이다. 만약 금융시스템이 불안정하다고 느끼고 있다면 그건 금융시스템이 구조적 문제를 안고 있다는 뜻이거나 혹은 정부가 보내는 신호가 도리어 금융시스템을 흔들고 있다는 얘기다.

예를 들어 화폐 가치가 떨어져 물가가 상승하고 있다면 정부는 통화 매입으로 부양을 시도하려고 한다. 그런데 장기적인 관점에서 보면 이런 유형의 정부 개입이 성공했다는 얘기는 한 번도 들은 적이 없다. 반면 정부가 문제 해결을 위해 조치를 취할 것이라는 얘기가 들리면 신기하게도 통화 팽창에 대한 압력이 즉시 사라진다.

만약 금융시스템이 일시적인 패닉으로 팽창 압력(화폐 가치 하락 + 물가 상승)이 발생하면 정부 개입이 효과적일 때도 있다. 하지만 환율이나 금리를 비롯하여 주가지수에 지속적으로 개입하는 것은 더 근본적인 경제 문제를 만든다. 금융시스템은 경제의 바로미터로, 만일 폭풍우가 다가오고 있다면 정책 입안자로 하여금 과감한 정책을 펼칠 수 있도록 압박할 수 있다. 하지만 누군가 이 바로미터를 계속 조작하면 실제 기후가 어떤 상태인지 더 이상 알 수 없게 된다. 거주자들이 모든 상황이 괜찮다고 여기는 인공적인 경제 온실이 만들어지는 것이다. 온실 속에 있는 사람들은 날씨가 괜찮다고 생각한다. 그런 정책은 지속가능하지 않다. 금융 시스템이 일시적으로 압력을 받는다고 실물 경제가 쉽사리 무너지지 않는다. 우리는 언제나 불황을 겪어 왔다. 불황은 경기의 일부다. 그런데도 장기적으로 불황을 억제하고 경제를 조정하는 의도적인 조치는 비정상적이며, 오늘날의 과잉도 이 때문에 발생했다.

정부는 무슨 수를 써서라도 성장률을 부풀리려고 한다. 앞서 설명했듯 인구 성장은 경제 성장에 기여한다. 하지만 인구 성장은 기술 진보가 견인하는 실질적인 기본 성장과는 무관하다. 그럼에도 정부는 인구를 늘리고픈 유혹을 느낀다. 일부 국가에서는 여전히 출산율을 중시하고 자연적인 성장을 이어가려고 한다. 일본은 인구가 감소하고 있고, 보통은 바람직하지 못한 예시로 인용되지만 실제로는 어떤가? 일본은 경제 문제로 별다른 고통을 겪고 있지 않다. 일본의 1인당 GDP 증가율은 유럽과 유사하며 미국의 성장률보다 크게 낮지도 않다. 일본의 노동력은 생산성이 높으며 사회 제도가 훌륭하고 기술력이 뛰어나며 기업의 경쟁력도 높다. 물론 막대한 부채 문제를 안고 있고 거대한 연금 문제도 있다. 인구가 줄어들면 터질 수 있는 문제다.

정부가 내놓은 다수의 경제 정책은 실물 경제보다는 목표에 초점을 맞추고 있다. 연금, 부채, 환율 등을 생각해보라. 정부는 어떤 특정 숫자에 집착하고 있지 않은가? 그러나 이런 태도는 앞서 수차례 설명한 사회의 다른 영역에 중요한 영향을 미친다. 경제 성장을 맹목적으로 추구하는 태도는 도리어 경제 위기를 불러오는 주요 원인이 될 것이다.

일각에서는 경제 탈선의 해결책으로 제로 성장을 거론한다. 하지만 앞서 밝혔듯 제로 성장은 상황을 악화시킨다. 게다가 이러한 사고는 신기술 개발 등을 통해 계속 발전하려는 인간의 욕구에도 어긋난다. 하지만 한편으로는 현재의 경제 정책이 지속가능하지 않다는 생각도 든다. 정부와 중앙은행이야말로 해마다 조금씩 경제를 탈선시키는 주원인이다. 아직은 지속가능한 성장이 무엇인지 모호할 것 같다. 이제 그 말이 의미하는 바가 무엇인지 설명하려고 한다.

| 지속가능한 성장이란 |

오랫동안 경제학자들은 시각을 좁혀서 자신의 전문 분야에 몰두했다. 경제학에는 고려할 요소가 그리 많지 않은데 국내총생산(GDP)과 최적화가 주된 목표였다.

오늘날에도 세대를 불문하고 경제학자는, 국가가 서로 무역하고 경쟁 우위를 추구하는 고도의 경제 이론에 관해 훈련받지만 무역이 경제 외의 사회와 생태에 미치는 영향에는 관심을 두지 않는다. 이들은 실제 세계를 단순화한다는 비판에 인상을 찌푸린 채, 비현실적인 수치 비교로 경제학을 포장하며 정밀한 과학을 다루듯이 행동한다.

자이언티즘

하지만 경제학은 과학이 아니다.

경제 원칙에 따르면 자유 무역은 언제 어디서나 선하다. 무역을 방해하는 장애물은 경제 침체를 각오하고서라도 제거해야 한다. 이러한 독단적인 경제 이론은 무분별한 국제 무역으로 이어졌고 결국 저항을 불러일으키고 말았다. 대서양을 아우르는 무역지대 안에 EU와 캐나다를 포섭하려는 포괄적 경제무역협정(CETA)에 대한 저항이 그것이다. 특히 벨기에 남쪽의 왈로니아 같은 작은 지역은 협정에 거세게 반대했다.

국제 무역을 포기하는 편이 낫다고 주장하는 것은 아니다. 그러나 더 이상 사회와 환경을 간과해서는 안 된다. 중국과의 교역이 경제만 보면 최적의 선택일 수 있지만 심각한 사회적 결과를 낳는다. 중국에 매우 유리한 결과도 있지만(일자리 창출, 빈곤 감소) 부정적 결과도 많다(아동 학대, 보건 및 안전 기준 미준수, 오염 심화). 무역도 마냥 좋은 것만은 아니다. 소비재 가격이 저렴해지지만 일부 기술과 활동은 사라진다.

대학은 여전히 고전 경제학자를 양성하는 데 몰두한다. 대학을 졸업한 신참 학자들은 이론적 틀을 활용해 경제를 '최적화'하는 데 힘을 쏟는다. 공급 또는 수요 충격에 대한 시뮬레이션을 분석하고 공공지출, 투자, 소비에 미칠 수 있는 모든 가능한 영향을 검토한다. 하지만 경제 너머의 분야로 시선을 돌리는 사람은 드물다. 사람과 사회, 행복과 건강에 영향을 끼치는 것이 무엇인지 이들은 고민하지 않는다.

영국의 경제학자 리처드 레이어드(Richard Layard)는 저서 『행복

(Happiness)』에서 행복을 사회에 적용하는 새로운 경제 및 행정 전략으로 경제학의 지평을 넓혔다. 많은 학자들이 레이어드의 시도를 따랐다. 『21세기 자본』에서 프랑스의 경제학자 토마 피케티(Thomas Piketty)는 자본이 불평등에 미치는 영향을 분석해 정치인들에게 경각심을 불러 일으켰다. 개인적으로는 피케티의 주장에 근본적인 오류가 있다고 생각한다(예를 들어 자본에 대한 시계열은 승자에게 큰 편향을 갖는다. 전쟁, 파산, 기타 몰수를 통한 자본손실이 과소평가된다는 의미다.). 하지만 피케티는 경제학의 지평을 넓혔고 경제학자들의 시야를 크게 확장했다. 2017년 케이트 레이워스(Kate Raworth)라는 옥스퍼드 대학 기후변화학과의 경제학자는 『도넛 경제학(Doughnut Economics)』이라는 저서에서 지구가 버틸 수 있는 한계치와 경제를 연결 지었다.

고전 경제학자들은 이러한 사상가를 주로 '좌파'로 간주하지만 이들의 확장 시도는 결코 좌파적이지 않다. 도리어 경제학, 환경과학, 철학이 어우러져 경제는 보다 균형 잡힌 새로운 통찰력을 제공한다. 이는 치우친 사고가 아니라 무척 건전한 사고다.

지속가능성에서는 균형, 장기적 비전, 인간과 자연을 훼손하지 않는 것이 중요하며, 다음처럼 두 가지로 지속가능성을 요약할 수 있다.

지속가능성은 다른 세대에 영향을 미치지 않는다

생산적인 투자를 제외하면 새로운 부채를 일으키지 않고 후일에 정화해야 하는 오염을 유발하지 않으며 인간이나 지구에 해를 끼치지 않는다.

지속가능한 성장은 사회적 왜곡으로 이어지지 않는다

지속가능한 성장은 인류와 사회를 보호하며 특정 사회적 계급을 불리하게 만들거나 특정 부문에 특권을 부여하지 않는다.

지속가능한 성장 구조가 갖춰지지 않은 상태에서, 국가와 지역 간 경제 성장을 비교하기 어려운 이유가 사회적 왜곡 때문이다. 지속가능한 성장을 일구기에는 시간이 오래 걸리기 마련이다. 그러나 사회적 통합이 강화되거나 생태발자국이 개선되거나 부채가 줄어드는 효과가 있다. 독일, 스위스, 스칸디나비아 국가, 네덜란드는 뚜렷한 성장세를 보이지는 않지만 지속가능성에서 모든 점수가 양호하다.

더 단순한 정의도 있다. 자이언티즘을 낳는 성장은 지속가능한 성장이 아니다. 그런데 자이언티즘이 전부가 아니다. 우리는 한편에는 경쟁심 강한 거인이 있고 다른 한편에는 좀비 기업 집단이 증가하는 경제에 살고 있다. 경제라는 동전을 뒤집어 보면 지금까지는 보이지 않던 좀비 기업이 모습을 드러낸다.

| 거인과 좀비 |

앞에서는 주로 사회경제적 관점에서 자이언티즘의 부정적 결과를 나열했다. 그런데 경제 자체에는 문제가 없을까? 경제학자들은 기술 진보가 가속화되는데도 지난 10년 동안 경제에서 생산성 증가가 매우 느리거나 일부 국가에서는 마이너스를 기록한 이유를 꽤 오랫동안 간과해왔다. 생산성 증가는 1990년대에는 강한 견조세를 유지했으나 2000년대 직후 IT 버블이 정점을 지나면서 둔화되기 시작했고 이후 추세는 내리막길이다.

경제학자가 보기에는 상식과 어긋난 결과다. IT 붐이 생산성을 가속화시킬 것으로 예상했기 때문이다. 심지어 통계가 예측을 벗어나자 일부 경제학자는 GDP 측정 방식을 의심하기 시작했다. 그런데 GDP 계산에는 아무런 문제가 없었다. 사실 GDP 계산은 단순 수치 계산을 넘어 질적인 (기술) 발전을 반영하는 방향으로 큰 변화를 겪고 있다. 미국 GDP의 20퍼센트는 비물질적인 (질적) 요소를 고려하여 결정된다. 일각에서는 이러한 조정에 실체가 없다는 점에서 '공기'라고 부를 것이다. 실제로 이는 가격에는 반영되지 않는 질적 향상을 뜻한다. PC 속도가 더 빨라지고 휴대폰은 더 스마트해지며 자동차는 더 안전(하고 스마트)해지지만 제품 가격은 별로 달라지지 않거나 심지어 하락했다. 그러나 설령 수치로 확인이 안 되더라도 분명 기술상에 발전이 있었으므로 GDP 계산에 고려하는 것이 타당하다는 게 사람들의 생각이다. 실체가 없는 (무형) 자산이 GDP에 기여하는 경우가 많듯 대다수의 OECD 국가에서는 이러한 조정 과정을 거친다.

그렇다면 생산성 하락이 측정 오류로 발생한 게 아니라면 무엇 때문일까? 아직 생산성을 높일 만큼 때가 무르익지 않은 것일까? 저명한 매사추세츠 공과대학의 연구원이자 『기계와의 경쟁(Race against the machine)』의 저자인 에릭 브린욜프슨(Erik Brynjolfsson)과 앤드류

맥아피(Andrew McAfee)는 그럴 것이라고 추정한다.

안타깝게도 경제학자들은 거의 동의하지 않는다. 반면 미국의 또 다른 저명한 경제학자인 로버트 고든(Robert Gordon)은 때가 안 된 것이 아니라 혁신이 그리 극적이지 않다며 회의론을 편다. 혁신은 보다 심플한 형태를 요구하는데 현재의 기술 발전은 지나치게 장치가 많고 따라서 생산성을 증가시킬 만큼 충분한 발전은 아니라는 주장이다. 설령 그렇지 않더라도 인구통계의 부정적 영향(고령화)을 상쇄할 수 없는 수준이라고 고든은 덧붙인다.

거시경제학자들은 오늘날 지구촌 전역에 벌어지는 이 기현상의 원인에 대해서조차 의견 일치를 보지 못하고 있다. 어쩌면 이들의 접근이 지나치게 '거시적'이기 때문일 수도 있다. 도리어 답변은 미시적 수준의 기업에서 발견될 여지가 있다. OECD가 최근 수행한 연구에 따르면 (이른바 첨단 기업이라는) 일부 상위 기업만 생산성 향상을 달성했다. 반면 나머지 모든 기업은 2000년 이후 생산성 향상을 이루지 못했다(그림 34 참고). 짐작되는 바가 있는가? 거대 기업이 모든 생산성 향상을 이뤄냈지만 경제 전반에는 부정적인 영향을 미쳤다.

구글, 애플, 아마존과 같이 잘 알려진 글로벌 디지털 기업과 주요 자동차 제조업체, 로레알 화장품 그룹 또는 네슬레 식품 그룹과 같은 전통적인 거대 기업은 2000년 이후 인상적인 생산성 향상을 기록했고 직원 1인당 매출도 증가했다. 하지만 다른 기업은 생산성이 정체되었다. 이러한 차이를 어떻게 설명할 수 있을까?

OECD 전문가들은 혁신에서 답을 찾고 있으나 더 나은 설명을 제

:: 승자가 모든 것을 가진다. 소수의 기업만이 생산성 개선에 성공한다. ::

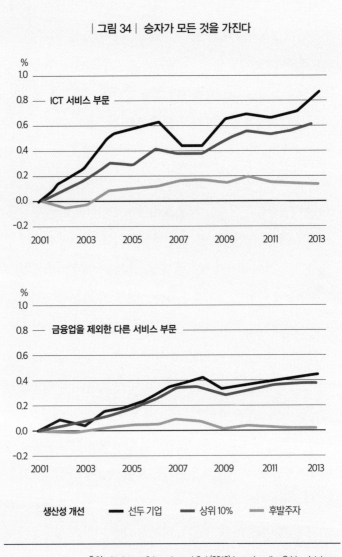

| 그림 34 | 승자가 모든 것을 가진다

출처 : Andrews, Criscuolo and Gal (2016) based on the Orbis–database.

자이언티즘

공할 만한 중요한 두 개의 현상이 있다.

우선 통계는 OECD 내에서 생존 불가능한 기업이 계속 증가하고 있음을 보여준다. 해마다 손실이 증가하고 있음에도 장기간 생존에 성공한 기업이다. 이들은 초저금리 정책, 간편하게 이용할 수 있는 신용, 온갖 보조금, 국가의 기타 지원 덕분에 살아남아 좀비 기업이 되었다.

둘째로, 대기업은 주식 시장과 채권 시장에서 소기업에 비해 훨씬 저렴하게 자금을 조달할 수 있다. 중앙은행은 바이백(조기 상환) 프로그램을 통해 이를 부추긴다. 바이백 프로그램에 대기업은 포함되나 중소기업은 포함되지 않기 때문이다. 그 덕분에 거대 기업은 잠재적인 경쟁자가 만만치 않은 상대로 성장하기 전에 손쉽게 사들일 수 있다. 축구 클럽인 첼시와 맨체스터 시티가 경쟁자보다 유리한 지위를 계속 유지하기 위해 신인 선수를 사들이고 임대하는 것과 같은 방식이다.

오늘날 좀비 기업과 거대 기업은 2000년 이후 실시된 통화 정책과 기타 경제적 자극이 만들어낸 산물이다. 물론 누구도 이런 모습을 바라는 것은 아니다. 그러나 통계는 현재의 경제가 어떤지 보여준다. 만일 생산성 회복을 꾀한다면 인위적으로 좀비 기업을 생존시키는 금융 조치를 중단하도록 권고해야 한다. 좀비 기업은 '좀비'라고 불리는 것을 달가워하지 않으며 필자에게 사망에 대한 책임을 물을 것이다(이미 사망했어야 할 시점을 넘긴 지 오래인데도 말이다.). 기업이 좀비인지 아닌지 여부는 문제를 구조적으로 부인하는 태도뿐 아니라 보수적인 사업 모델, 정기적인 구조 조정과 인원 축소, 막대한 부채로 식별할 수 있다. 이들은 공개적으로나 은밀한 방식으로 정부에 지원을 요청한다. 역사적으로 정부 혹은 이해관계가 있는 집단과 원만한 관계를 유지한 덕에 복잡한 규정이나 진입장벽을 활용해 오랫동안 경쟁자를 멀리 떨어뜨려 놓는 데 성공한다. 그러한 좀비 기업이나 부문 전체가 사라지면 경제를 역동적으로 만들 수 있는 새롭고 젊은 기업에 산소가 공급된다. 그렇다면 공연히 GDP 계산 방법에 시비를 걸 필요도 없이, 정체되었던 생산성도 얼마든지 올릴 수 있을 것이다. 이는 특히 유럽에 시급한 조치다. 좀비를 타도하여 기업가 정신이 다시 부활하기를!

금리 인상, 신용 정책의 강화, 은행의 건전성 향상이 필요한 때다. 유럽중앙은행, 연준, 일본은행, 다른 중앙은행은 눈먼 돈의 사용을 조장하는 정책을 폐기해야 한다.

경제의 한편에는 거대 기업이, 또 다른 한편에는 많은 좀비 기업이 존재함을 기억하라. 현재의 경제 시스템이 지속가능성을 상실하고 있다는 증거다.

:: 전 지구적 사기꾼들 ::

찰스 폰지(Charles Ponzi)라고도 알려진 카를로 폰지(Carlo Ponzi)는 1882년 이탈리아에서 태어나 미국으로 이민을 간 인물이다. 그는 미국에서 소일거리로 생계를 꾸리면서 경범죄를 저질렀다. 그는 캐나다에서 3년형을 살고 출소한 뒤 다시 미국에서 2년형을 받았다.

1920년 이후에는 대담한 행보를 보인다. 그는 자신의 매력과 연기 재능을 활용하여 전문 사기꾼으로 변모한다. 오늘날에도 폰지사기(Ponzi scheme)라고 부르는 그의 범행방식은 이렇게 요약된다. 투자자(투기꾼)에게 매우 높은 수익을 거둘 수 있게 해준다고 유인한 다음, 신규 고객에게 받은 투자금으로 이전 투자자에게 수익금을 지급한다.

투자 받은 돈을 실제로 투자해서는 도저히 약속한 수준의 높은 수익을 달성할 수 없기 때문에 사기를 계획한 사람은 새로운 투자자를 끊임없이 끌어들이는 한편, 투자를 중단하려는 사람을 회유해야 한다. 짧은 기간 성공가도를 질주하던 폰지의 사기극은 불과 1년 만에 막을 내렸다. 이 사기꾼은 45일 투자에 50퍼센트의 이익을, 100일 투자에는 100퍼센트의 이익을 약속했다. 하지만 실제 수익은 제로에 불과했고 비용을 제하면 오히려 수익률이 마이너스였다. 막대한 이익을 지급하려면 더 많은 고객을 유인해야만 했다. 그러다 자금 유출이 발생하자 더 이상 수익금을 지불할 수 없는 순간에 봉착했다.

폰지의 뒤를 이어 버니 매도프(Bernie Madoff), 톰 페터스(Tom Petters), 앨런 스탠포드(Allen Stanford)도 같은 길에 들어섰다. 이들은 수익률을 낮추면 더 오래 버틸 수 있음을 알아차렸다. 매도프는 투자자에게 연 10퍼센트의 매우 안정적인 수익을 약속하고 650억 달러의 자금을 모았다. 자선 단체가 그의 주요 고객이었고 법적으로는 연 5퍼센트만 지급하면 됐다. 만약 2008년에 증시가 붕괴하지 않았다면 매도프는 평생 사기행각을 이어갈 수 있었을지 모른다. 몇 달 만에 주가가 38퍼센트나 하락했음에도 그는 약 6퍼센트의 이익을 냈다고 주장했다. 10퍼

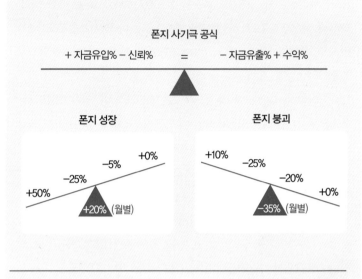

| 그림 35 | 폰지 사기극 : 이것이 바로 "성공 공식"이다

폰지 사기극 공식

+ 자금유입% − 신뢰%   =   − 자금유출% + 수익%

폰지 성장

+50% −25% −5% +0%
+20% (월별)

폰지 붕괴

+10% −25% −20% +0%
−35% (월별)

출처 : Geert Noels

센트 이익을 약속하고 실제로는 8퍼센트만 달성해도 부족분은 새로운 고객을 유치하여 채우면 될 수도 있었다. 그러나 예상치 못한 주가 급락 사태 앞에서 그의 폰지사기는 들통 난다. 물론 주가 급락만 아니면 영원히 발각되지 않을 수 있었다는 말은 변명일 뿐이다.

폰지사기는 지속가능성의 반대편에 서 있는 모델이다. 본질적으로 불안정하며 성공 여부가 투자자의 지식 부족과 공허한 약속 남발에 달려 있다. 이러한 관점에서 오늘날 글로벌 경제를 살펴본다면 거대한 폰지사기를 발견하게 된다.

유럽의 사회보장제도는 세계 최대의 폰지사기일 것이다. 갈수록 거창한 약속을 하지만 그러한 혜택을 제공하기 위해 필요한 경제 성장률은 시간이 갈수록 하락

자이언티즘

한다. 이와 동시에 투자자(사회보장을 위해 돈을 내는 사람)의 숫자는 인구통계
상 줄어들고 있다. 반면 수혜를 받는 사람의 숫자는 계속 증가하고 있다. 유럽의
연금 체계는 자본 전입 체계(네덜란드의 연기금처럼 저축과 투자에 뿌리를 둔
연금 체계)에 기반을 둔 것이 아니라 분배 체계(기금의 적립 없이 청년층이 노년
층의 연금을 지급하는 구조)로, 정의상 폰지사기에 해당한다. 인구 증가가 멈추
고 고령 인구가 늘어나면 적은 수의 청년들이 점점 증가하는 노년층에게 연금을
지급해야 한다. 노년층에게 많은 약속을 할수록 연금 체계는 찰스 폰지나 버니
매도프의 사기처럼 붕괴할 위험에 처한다.

정치인들은 탁월한 수익을 약속하고 연금 체계가 자신이 살아 있는 동안 전복되
지 않고 유지되기를 바라는 버니 매도프와 같다.

기후 또한 폰지사기의 일종이 되었다. 사람들은 지구가 자연적으로 흡수할 수
있는 한계 이상의 온실 가스를 대기 중에 배출하고 있다.

시야를 넓혀 보면 전 세계의 부채도 폰지사기처럼 증가하고 있음을 알 수 있다.
점점 더 많은 부채가 발행될수록 채권 매입에 대한 매력이 떨어진다. '부채 폰
지사기'가 이어지려면 중앙은행이 자체적으로 부채를 먼저 매입해야 하고 금
리를 인하한다. 하지만 금리 인하 조치는 새로운 진입자를 찾는 데 도움이 되지
않는다.

찰스 폰지는 스웨덴 중앙은행이 수여하는 노벨상, 즉 노벨경제학상을 받았어야
한다. 오늘날 많은 경제 계획이 폰지의 원칙을 따르기 때문이다. 이는 여러 경제
시스템과 기타 시스템이 근본적으로 지속가능하지 않음을 보여준다. 사실 폰지
사기는 지속가능성과 정반대의 위치에 서 있다.

GIANT
ISM

6장

더 작게, 더 느리게, 보다 인간적으로

| 지속가능한 글로벌 경제를 향해 |

GIANT
ISM

　세계 경제는 계속 변화하지만 지속가능한 균형에서는 점점 멀어지고 있다. 회를 거듭할수록 한 명의 플레이어가 더 많은 점수를 따고, 나머지 플레이어는 점수를 잃다가 탈락하는 게임을 떠올려 보라. 한편에는 거인이, 다른 한편에는 좀비가 즐비하다. 이 같은 상태가 지속되면서 사람들은 경제 활동에서 밀려나고, 풍요병은 만연한다. 부채를 지속 불가능한 수준으로 늘린 덕분에 경제 성장률은 부채가 아니었다면 달성할 수 없는 수준까지 올라갔다. 경제는 지구가 흡수할 수 있는 것보다 많은 온실 가스를 대기에 분출하고 있다. 이 광적인 경제 게임이 거듭될수록 과잉이 증가한다. 단순히 반창고를 바르거나 찜질을 하는 수준으로는 경기 흐름을 뒤집을 수 없다. 메스를 들어야 할 때다.

일부 경제학자는 전체 시스템을 거부하며 반자본주의나 반글로벌주의, 무정부주의를 외친다. 다른 경제학자는 체제는 다르지만 똑같이 거대한 과잉으로 막을 내린 공산주의나 마르크스주의에서 해답을 찾는다. 안 될 일이다. 극에서 극으로 이동한다고 해서 해결책이 뚝 떨어지는 게 아니다.

자이언티즘과 대기업에 대한 필자의 비판이 과도하다고 생각할지 모른다. 그렇다면 진실에 눈 뜨기를 바란다. 몸집을 키우기 위해 성장호르몬을 주입하며 경제를 지속가능하지 않은 길목으로 내몰고 있고, 경제를 비인간적으로 만들고 있다는 증거는 차고 넘친다.

당연히 필자는 소형화, 적어도 '덜 큰 것'을 찬성한다. 인간적인 규모를 갖고 있으며, 탈선하지 않는 사회경제 체제를 원한다. 하지만 많은 이들은 '작은 것'이라고 하면 부정적 이미지를 연상한다. 예를 들어 촌스럽거나 변두리의 고루하고 별 볼 일 없는 일, 욕심도 없고 잠재력을 썩히는 등 재능이 뛰어난 사람에게는 어울리지 않고 진보에 장애가 되는 어떤 분위기를 떠올린다.

이런 이미지가 우리가 지향해야 할 경제 모델은 아니다. 우리는 세계화의 이점과 최근 일궈낸 인류의 진전을 거부해서는 안 된다. 인터넷을 막거나 다국적 기업의 활동을 금지할 필요도 없다. 지금 반세계화 철학을 주창하는 것이 아니라 탈선 상태에 있는 세계화를 다시 생각해 보자고 간곡히 호소하는 것이다.

탈선한 세계 경제에 균형을 되찾아주기 위해서는 힘의 분산이 필요하다. 지금까지는 중앙 집중화가 온갖 문제에 대한 해결책이자 레벨 업을 위한 유일한 수단으로 인식되었다. 집중화는 관료 조직과 위계적인 피라미드 구조를 갈수록 크게 만든다. 이러한 조직은 몸집이 커질수록 더 생존에 유리하기 때문에 기업뿐 아니라 국가나 NGO 역시, 의도했든 아니든, 점점 대형화를 추구했다. 지역 차원에서도 집중화와 규모의 확대를 효율성 향상의 해결책으로 간주했고 학교, 병원, 도서관도 규모가 커졌다.

물론 대부분은 경제적 효율성이 향상되었다. 하지만 집중화와 규모의 확대가 문제를 일으킨 분야도 있다. 거대해진 조직은 서비스를 제공받는 사람들과 멀어졌고 특정 집단을 배제시켜 사회적 이동성 social mobility, 물리적이고 지리적인 이동을 포함하여 사회 계층 간의 이동을 뜻한다. – 역주을 떨어뜨렸다. 너무 큰 규모는, 학생이나 학부모가 더 이상 학교나 병원에서 관심을 받지 못한다고 느끼게 하는 요소다. 정신적 웰빙이 악화된다.

최근 수십 년 동안 집중화가 유일무이한 답이라는 생각이 우리 사회에 은밀하게 퍼졌다. 좋은 의도에서 출발한 집중화는 그러나 조직을 사람들로부터 멀어지게 만들었을 뿐 아니라 완전히 다른 기능을 만들어냈다. 관리 기능과 더불어 모두가 합의된 절차와 규정을 준수하는지 확인하는 감독 기능이 필요해진 것이다. 이에 따라 조직이 교육이나 치료와 같은 근본적 목표가 아닌 관리에 초점을 두는 본말전도 상황이 펼쳐진다.

순수한 경제 사상가들은 경제 효율성을 위해 집중화를 강조했다. 하지만 이들은 사회나 생태와 같은 다른 측면을 고려하지 못했다. 자이언티즘에는 이처럼 단편적 사고가 깔려 있다.

분산은 조직과 사람의 거리를 좁히고 실제 가치를 창출하는 사람들에게 권력을 부여하고 공동체를 더욱 돈독하게 만든다. 실제로 소도시의 도서관이 인근 대도시의 거대 도서관보다 효율성은 떨어져 보일지 몰라도 동네 사람들이 어울리는 만남의 장소로 기능한다. 주민들은 이미 서로 알고 있거나 책이 새로 도착하면 의견을 교환하거나 옆자리 사람이 어떤 책을 읽고 있는지 확인하면서 서로를 알아간다. 대도시의 큼직한 도서관이 더 효율적이고 저렴할지 모르나 이곳은 익명성이 강하고 공동체를 형성하기 어렵다.

학교도 마찬가지다. 큰 학교는 경제적으로 효율성이 뛰어나지만 기관의 목표를 놓치는 경우가 많다. 학교는 개인을 교육하는 장소이기도 하지만 지역 공동체에서 중요한 장소이기도 하다. 효율성을 잡으려고 뛰어다니는 사이 우리는 사람과 공동체를 놓쳤다.

작은 단위로 사고한다는 것이 경제 효율성을 포기한다는 의미는 아니다. 분산을 주장하는 대표적인 사람이 있다. 레바논계 과학자이자 파생상품 트레이더 겸 저자인 나심 니콜라스 탈레브(Nassim Nicholas Taleb)다. 그는 『블랙 스완』, 『안티프래질』에서 규모가 더 작은 기관을 옹호했다. '보고서상에서는 규모가 클수록 효율적으로 보인다. 규모가 커야 규모의 경제를 이룰 수 있기 때문이다. 하지만 실제로는 규모가 작을 때 효율성이 훨씬 높다. 코끼리는 다리가 부러지기 쉽지만 쥐는 창밖으로 던져도 멀쩡하다. 규모는 우리를 취약하게 만든다.'

거대 시스템이 취약하며, 따라서 분산되어야 한다는 주장은 월드

와이드웹, 즉 인터넷을 탄생시킨 근간이기도 하다. 40년 전 정부와 군대는 중앙 컴퓨터에 과도하게 의존했는데 거대하고 강력한 컴퓨터에 몇몇 터미널을 연결시킨 이 구조물은 타깃(target) 공격에 매우 취약했다. 반면 더 작은 규모의 컴퓨터에 주요 정보를 분산시킨 네트워크를 사용하면 시스템의 회복력이 높고 공격 대응에도 유연하게 대처할 수 있다.

분산 시스템은 실패에 대한 취약성을 줄이며 다양성을 높인다. 중앙 시스템이 문제 해결에 실패하면 지역 전체가 마비될 위험이 높지만 분산 시스템에서는 그렇지 않다. 대안을 찾을 여지가 있기 때문이다. 다양성은 예상치 못한 결과를 낳기도 하고 뜻밖의 기쁨을 안겨주기도 한다. 일부 시스템은 매우 성과가 뛰어나서 깜짝 놀랄지도 모른다. 분산을 더 많이 시도할수록 새로운 것을 발견하게 될 가능성이 높다.

분산을 계속 추진해야 할 중요한 이유가 또 있다. 중앙 시스템에는 경쟁자가 설 자리가 없다. 반면 조직이 분산될수록 선택권이 넓어지며 분산된 조직이 실패할 때 가까운 곳에서 대안을 찾을 수 있다.

반경 20킬로미터에 하나의 거대한 학교가 있어 2,500명의 학생이 수업을 받는 A 동네와, 동일한 지역에 250명의 학생이 다니는 학교 열 곳이 있는 B 동네를 생각해보자. 두 동네 학교는 완전히 다른 모습으로 조직된다. B 동네 학교에는 필요 없지만 A 동네 대형 학교에는 관리 조직이 피라미드 구조를 이루고 있을 것이다. 또한 B 동네 학교에서는 교사들의 몫이었던 일들이 A 동네 학교에서는 따로 사람

자이언티즘

을 뽑아 조직을 만들 것이다. 학생 입장에서는 큰 학교에 비해 작은 학교가 제약이 덜해 보일 것이다. 작은 학교는 융통성이 있기 때문에 운동선수, 음악가를 양성하거나 손재주가 좋은 학생들, 혹은 가해 학생들을 따로 분리시켜 학교를 운영할 수 있다. 집중화된 대형 학교에서는 불가능한 일이다. 집중형으로 조직된 시스템에서 발견되는 또 다른 중요한 단점은 대형 학교가 양질의 서비스를 제공하지 못할 때 대안을 찾기가 어렵다는 점이다. 분산 시스템에서는 학생과 학부모가 나머지 아홉 개 학교 중에서 전학 갈 학교를 고를 수 있다.

이런 식으로 잠깐만 살펴봐도 지금까지 우리는 정량화하기 쉬운 몇몇 단편적이며 허술하게 정의된 경제 변수만 따져 왔음을 알 수 있다. 그러나 예시처럼 몇 가지 상황만 따져 봐도 분산 시스템이 오히려 더 효율적일 수 있음을 깨닫게 된다.

중앙 시스템을 해체하면 여러 긍정적인 효과가 생긴다는 점에는 의문의 여지가 없으며 나중에 더 자세히 살펴볼 것이다. 그렇더라도 의문은 남는다. 최근 수십 년 동안 우리는 왜 분산을 추구하지 않았을까?

오랫동안 자이언티즘은 충성심이 강한 지지자들에게 의존해왔다. 대안을 찾을 일도 별로 없었다. 지배적인 시스템이 삐걱거릴 때에야 마지못해 찾는 시늉을 했다. 경제학자들과 (로비스트의 압력을 받은) 정책 입안자들도 의문을 품지 않았다. 맹목적으로 자이언티즘을 추구하는 현상은 이른바 소프트 부문이라는 교육이나 보건 분야에서도 일어났다. 하지만 분산이라는 개념이 지금에서야 대두되는 주된 이유는 분산을 가능케 하는 기술이 최근에야 개발됐기 때문이다.

| 분산과 축소를 앞당기는 트리거 |

앞으로 수십 년 동안 우리가 분산을 추진할 수 있는 5가지 동력이 있으며 이를 '자이언티즘을 반전시킬 씨앗'이라고 부르고 싶다. 오늘날 자이언티즘은 이미 정점을 지난 상태이지만 정부와 정치가 제 역할을 해야만 본격적으로 누그러뜨릴 수 있다. 그렇지 못하면 자이언티즘은 앞으로도 막대한 피해를 끼칠 것이다.

어떻게 해야 이 거인을 원래대로 돌려놓을 수 있는지 정책적인 조치를 구체적으로 살펴보기 전에 규모의 축소와 분산을 촉진할 수 있는 다른 트리거, 즉 '자이언티즘을 반전시킬 씨앗'을 알아보자.

스카이프 효과 : 기술의 발전

과거 거대한 관료 조직은 하나의 중심점이 되기를 원했다. 그래야만 여러 부문이 신속하고 효율적으로 서로 소통할 수 있었기 때문이다. 로마 가톨릭 교회가 좋은 예이며 황제나 왕도 마찬가지다. 대기업은 물론 정부 조직도 중앙집권 형태를 선호했다.

PC의 발명은 처음으로 본격적인 분산을 가능케 만들었다. 나중에는 인터넷과 스마트폰이 분산을 크게 앞당겼다. 스카이프를 비롯하여 영상통화 등이 가능한 회의 도구도 날마다 성능이 향상되고 있는

자이언티즘

데 이런 도구들이 효율성(만나러 이동할 필요가 없으므로 시간 등 절약)과 견고함(따로 중앙 컴퓨터가 없으므로 타깃 공격이나 시스템다운 등으로부터 상대적으로 안전)을 접목시킨 분산 조직의 토대가 되고 있다. 이 도구들의 또 다른 이점은 지속적으로 통제할 필요가 없다는 것이다.

오늘날 소규모 조직은 과거의 대규모 조직보다 컴퓨터를 더 잘 쓰고, 더 많은 정보를 이용하며, 잘 소통한다. 정보통신기술은 기업가정신, 조직의 유연성, 지역의 기업가정신을 크게 신장시켰다. 규모가 크고 다루기 힘든 중앙의 관료 조직은 더 이상 민첩하고 성능이 뛰어난 작은 조직에 대항하지 못한다.

인간의 기호

사람은 단지 숫자만으로 움직이지 않는다. 도리어 숫자로 표현되기 힘든 것들, 예를 들어 자신이 가장 좋아하는 것이나 편안함, 안전성을 제공하는 것을 선호한다. 큰 조직은 인간미가 없고 냉담하며 사람들과 동떨어져 있지만 작은 조직은 더 따뜻하고 가까이 다가갈 수 있을 것 같다. 예비 신혼부부는 웅장하고 썰렁한 대형 교회보다 작지만 아늑한 예배당을 결혼식장으로 선호한다. 사람들은 인간미 넘치고 개성이 고려되는 서비스를 선호한다. 큰 조직에서는 이를 만족시키기가 어렵다.

분산이 사람들에게 다가가는 것이고 집중화는 엘리트를 위한 전략으로 볼 수 있지 않을까? 고도로 집중화된 조직이 자부심을 중시하는 반면 분산된 조직은 인간, 개인, 직원을 보호하지 않는가?

끝으로 치닫는 대형화

거대 조직은 한계에 부딪친 것으로 보인다. 금융 부문에서 대형 은행들은 수차례 심장마비로 쓰러진 끝에 소수만이 살아남았다. 도이치 은행 같은 거대 기업은 지금도 자기 무게를 견디기 위해 싸우고 있다. 중앙은행이 개입할 필요성도 점점 커진다. 과거에는 중앙은행이 별로 관여하지 않았으나 지금은 수개월에 한 번 꼴로 손을 대는 지경에 이르렀다. 중앙은행은 시스템을 안정시켜야 한다는 미명 아래 주식 시장의 데이 트레이더처럼 개입의 빈도수를 늘리고 있다.

이미 분산이 시작된 분야도 있다. IT 부문은 일부분 인터넷으로 말미암아 분산화되었고 에너지 부문은 점차 대규모 중앙 생산에서 스마트하게 연결된 분산 시스템으로 바뀌고 있다.

사람들은 정치적으로도 대형화를 탈피하려는 경향을 보이기 시작했다. 유럽연합은 한계에 도달한 것으로 보이며 브렉시트를 계기로 사상 처음 다른 길로 발걸음을 내딛었다. 러시아 역시 여러 지역으로 나뉘었다. 과연 중국과 미국도 하나의 거대한 블록으로 유지될지 궁금하다. 캘리포니아 같은 지역은 주지사와 대통령 사이의 연대감이 상대적으로 떨어지며 자치를 요구하는 목소리가 높다. 중국은 공산당의 계몽전제주의로 통치되는 거대한 단일 블록으로 보이지만 겉모습에 속아서는 안 된다. 아무리 공산당이라도 인민을 살피고 점수를 추적하려면 안면 인식과 같은 첨단 IT 기술을 활용해야 한다. 점수가 나쁜 중국인은 점차 소외된다. 티베트를 비롯한 일부 인구 집단은 불안을 조성하고 있으며 중국 지도부의 압제는 계속 은폐되고 있다. 조

자이언티즘

만간 자유 자본주의 모델과 중앙에서 이끄는 공산당 모델이 해결 불가능한 교착 상태에 도달했음이 분명해질 것이다.

머잖아 대형 조직은 한계에 도달할 것이며 확장이 더 이상 불가능해지면 축소가 가속화되는 새로운 동력으로 자리 잡을 것이다. 구소련과 옛 유고슬라비아가 교훈이 된다. 기업에도 동일한 경향을 찾아볼 수 있다. 제너럴 일렉트릭이 최근 맞닥뜨린 문제가 좋은 예다. IT, 전자, 서비스 부문에서 열심히 뛰어온 GE는 잭 웰치(Jack Welch), 제프리 이멜트(Jeffrey Immelt)와 같은 '초인적인' CEO가 이끈 미국의 공룡 기업이다. 웰치와 이멜트의 저서는 경영 베스트셀러에 올랐다. 하지만 두 사람의 성공 레시피는 오래 지속되지 못했다. 그토록 강력했던 GE도 오늘날 축소되었으며 막대한 부채에 시달리고 있고 미래를 기약하기 힘든 상태다. 무엇보다 뾰족한 대책이 없다.

경제는 역설적인 상황에 놓여 있다. 최근 수십 년 동안 기업의 규모는 점점 커졌으나 기업의 평균 수명은 줄었다(그림 36 참고). 과거에는 S&P500 지수에 속한 거대 기업이 60년 넘게 존속하는 경우가 흔했다. 오늘날에는 평균 10년을 넘기지 못한다. 대기업은 혼란에도 취약하다. 해묵은 거대 기업은 빠르게 성장하는 신흥 거대 기업에 밀려날 위험이 커졌다. 적자생존 법칙이 여전히 유효하다(물론 그렇더라도 어쩐지 상위 10개 기업은 나머지 490개 기업보다 더 단단히 뿌리를 내리고 있는 듯하다.).

기업뿐 아니라 다른 거대 조직도 한계에 도달했다. 유럽연합은 브렉시트 같은 사태가 되풀이될 수 있다는 공포에 직면했다. 거대 조직

:: 대기업은 취약하다 ::

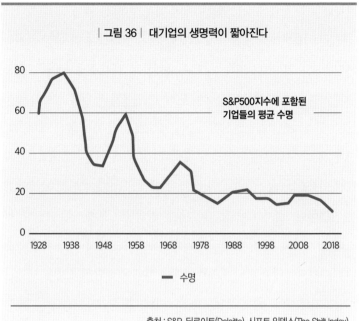

| 그림 36 | 대기업의 생명력이 짧아진다

S&P500지수에 포함된
기업들의 평균 수명

— 수명

출처 : S&P, 딜로이트(Deloitte), 시프트 인덱스(The Shift Index).

에서는 언제나 자멸이 일어난다. 우여곡절을 겪었지만 영국이 여전히 유리한 거래를 할 수 있다면 영국과 비슷한 다른 나라도 동일한 조건을 요구하게 될 여지가 있다. 유럽 대륙에 브렉시트를 둘러싼 괴담이 떠도는 이유이기도 하다. 브렉시트가 보여주듯 이혼은 고통스러운 일이다. 하지만 때로는 사람, 조직의 일부, 아니면 단순히 개인이 더 많은 개성, 자율성, 근접성을 얻기 위해 치러야 하는 비용일 뿐이다. 더 이상 대규모의 중앙 관리 조직에서는 이러한 이점을 찾아볼 수 없다.

　이처럼 대형화의 반대편에서 나오는 목소리는 반세계화나 무정부주의를 외치는 포퓰리스트의 고함소리에 묻힌다. 이 역시 수십 년간 진행된 자이언티즘의 잔재다. 하지만 작은 규모와 자율성 확대를 향한 추세는 결코 중단되지 않을 것이다. 독립을 외치는 스페인 카탈루냐와 같은 지역을 따라 더 많은 자치권을 요구하는 움직임이 일어날 것이고 유럽연합에 소속된 국가는 유로존을 떠나며 거대한 나라는 보다 느슨하게 연결된 분산 형태의 연방제로 갈아탈 것이다. 이를 꼭 부정적으로 볼 필요는 없으며 유럽연합 또는 NATO나 WTO 같은 국제 조직의 종말로 해석할 필요도 없다.

　장기적으로는 혁신의 요구가 커지거나 기업가정신이 다시 고개를 들거나 혹은 그저 규제 당국의 요구로 말미암아 거대 기업에서도 똑같은 움직임이 나타날 것이다.

누가 더 견고한가?

　인터넷은 탁월한 분산 시스템으로, 미국 국방부가 기술 인프라를 보다 견고하게 만들기 위해 개발한 기술이다. 이 견고함과 성능을 다른 나라에서도 찾아볼 수 있다. 예를 들어 스위스는 경쟁력이 뛰어난 나라 중에서도 늘 상위권을 놓치지 않으며 지속가능성에서도 높은 점수를 얻고 신뢰와 안정성을 유지한다. 그 비결 중 하나는 스위스의 정책과 조직이 낮은 수준의 집중화를 보이고 권력이 고도로 분산되어 있다는 점에서 찾을 수 있다. 스위스의 주와 지자체는 다른 나라라면 중앙 정부가 보유하고 있을 많은 권력을 나눠 갖고 있다.

이 때문에 스위스 국민은 정책에 긴밀하게 참여하고 국민이 정치로부터 소외되지 않는다고 느낀다. 게다가 스위스는 공원 의자에서 긴급 대피소에 이르기까지 공공시설에도 관심을 기울인다. 사실 오늘날 스위스는 18세기 미국 건국의 아버지들이 꿈꿨던 체제를 갖추고 있다. 바로 작은 정부와 민간의 자율성이다. 하지만 이러한 철학은 '바그너 법칙' 때문에 계속 유지하기가 어렵다. 바그너 법칙에 따르면 국가가 보다 부강해지고 민간 부문에서 더 많은 가치를 창출하게 되면 그 가치를 재분배하는 경향이 있어 정부가 계속 커진다.

분산 체제는 두 가지 요소가 조합되어 중앙 집중 체제보다 견고하다. 중앙의 권한을 지방에 배분하는 것과, 지방의 유연성이다. 전자의 경우, 헌법이 지향하는 '자치분권'과 현장을 중시하는 기업의 DNA를 떠올리면 이해가 쉽다. 지방의 유연성은 개별 지방 조직의 차이를 통해서 문제 해결의 새로운 출구를 모색할 수 있다는 점에서 중요하다. 인터넷에서 서버가 다운되더라도 문제가 없다. 프로토콜을 잊지 않고 고장 난 기기의 역할을 대신할 또 다른 기기가 있기 때문이다.

반면 중앙에서 통제하는 거대 기관은 매우 취약하며 이미 과거에 여러 사례를 통해 충분히 입증되었다. 로마 제국, 구소련, 가톨릭교회, IBM, (스위스에 위치한) UBS 같은 대기업은 조직이 중앙에 집중되는 바람에 현장과 동떨어져 있으며 이 때문에 문제를 뒤늦게 발견했다. 기본에서 멀어지는 것이야말로 중앙에서 통제하는 거대 조직이 부딪치는 주요 과제다. 현실 감각이 둔화된 조직을 회복시키기 위해서는 톱다운 방식이 아닌 직원, 교구, 견고한 사업 단위의 기업가정신에서 비롯되는 보텀업 방식으로 바뀌어야 한다.

나심 니콜라스 탈레브가 분산을 옹호한 이유는 정부의 견고한 형태 때문만은 아니다. 분산 조직은 충격을 받으면 더 단단해진다. 분권화된 사회와 기업은 압박을 받을수록 더욱 강해진다. 압력이 전체 네트워크로 퍼지기 때문에 중앙 시스템 한 곳이 모든 압력을 흡수할 필요가 없다. 2016년 탈레브는 누군가에게는 가혹하게 들릴 수도 있는 말을 트위터에 남겼다. '분권화는 로비스트에게는 악몽이다.' 이 책의 독자라면 탈레브의 말을 정확히 이해할 것이다. 로비스트는 집중화를 열렬히 지지한다. 분산 체제에서는 영향을 미치기가 훨씬 더 어렵기 때문이다. 바로 이런 이유에서 분산 체제가 민주주의에 중요하다. 중앙 집중식 체제는 독재로 끝나는 반면 분산 체제는 국민들에게 발언을 계속 보장한다. 민주주의여 영원하라! 분산 체제여 영원하라!

누구의 충성심이 더 강한가?

마지막으로, 중앙집권 체제는 많은 경우 권력 구조에 기반을 둔다. 반면 분산 체제를 결합시키는 요소는 충성심이다. 경제학자들은 국내 총생산이나 기업의 이익, 임금 등 측정 가능한 요소에 지나치게 주목하는 경향이 있다. 동시에 측정이 어려운 신뢰, 행복, 충성심 같은 요소는 과소평가한다. 충성심은 조직이나 국가의 결속을 유지하는 데 중요하다. 헝가리, 폴란드, 옛 체코슬로바키아 국민은 1970년대의 소련에 얼마나 충성을 보였는가? 나중에는 카자흐스탄, 우즈베키스탄, 우크라이나에서 같은 일이 벌어졌다. 모스크바에서는 멀리 떨어져 있는 지역에 군사적 수단을 동원해 충성심을 강요하기 어렵다.

대기업에도 같은 논리가 적용된다. 포티스 은행이 무너지기 전에 내부의 충성심이 강했는가? 은행의 보험 사업부문이 매우 빠른 속도로 성장했기 때문에 직원들은 포티스보다는 제네랄 은행, AG 보험, ASLK나 (오랫동안 국영 은행이었던) NMKN, (네덜란드 보험사인) AMEV, VSB, ASR 또는 개인 은행인 미스피어슨에 소속감을 느꼈다. 임직원에게 소속이 어디냐고 물으면 '제네랄 은행원'이라거나 'ASLK 직원'이라고 답했을 것이다. 반면 포티스는 일선에서 물러나 있는 관리 개념이었다. 지난 25년 동안 많은 기업에서 비슷한 현상이 벌어졌다. 합병되어 인위적으로 일관성을 갖춘 그룹이 탄생했으나 내부는 매우 이질적인 모습이었다. 직원들은 인수 기업보다는 원래 일하던 기업에 더 충성심을 가지고 있다. 고객도 마찬가지며 주주조차 이러한 유형의 확장 때문에 기업에 충성심을 덜 느끼고 있다. 모두 돈에 관계된 문제일 뿐이며 더 이상 직원이나 고객과의 관계는 중요하지 않다.

충성도가 높은 고객을 보유한 기업은 임시적인 프로모션 행사로 고객의 관심을 끄는 기업보다 더 견고하다. 마찬가지로 충성심이 있는 직원이나 주주는 어려운 시기에 차이를 만들어 낸다. 성공을 함께하기란 쉽지만 고난은 그렇지 못하다. 충성심을 갖고 회사를 위해 싸우는 일은 장기적으로 훨씬 더 많은 가치를 창출할 수 있다. (주주, 고객,

직원 모두가) 삼박자 충성심을 보이는 경우란 매우 드물지만 만일 만들 수만 있다면 밧줄보다 끊기 어려운 연대를 형성한다.

기업에 적용되는 원칙은 국가나 다른 조직에도 적용 가능하다. EU에서 더 이상 혜택을 받지 못한다면 EU에 소속된 국가는 얼마나 충성도를 유지할까? 유럽연합의 직원은 자신들이 누리는 막대한 세제혜택과 비교해 유럽연합의 가치에 얼마나 충성하는가? EU 시민에게도 질문을 던질 수 있다. 브뤼셀에서 진행되는 일에 어떤 감정을 느끼는가? 규모가 확대되는 거대 조직이 삼박자 충성심을 갖추지 못한다면 연대감은 사라지며, 중앙에서 관리하는 조직은 위기가 닥칠 때 손쉽게 와해되고 만다.

유럽연합의 해체를 주장하는 것은 아니다. 유럽연합은 제2차 세계 대전 이후 안보와 경제 발전에서 너무나도 중요한 역할을 해왔다. 다만 유럽연합이 강조해왔으나 실제 적용 면에서는 부족했던 '보완성의 원칙principle of subsidiarity, 최소 단위 정치 공동체가 의사결정을 하되 그들이 해결하기 힘든 경우에만 상위 단위가 개입하는 방식으로 권력 분산, 자치분산의 원칙을 뜻한다. 1975년 유럽위원회에서 처음으로 공식화되었다. – 역주'에 근거하여 복잡성이 덜한 조직이 되기를 바라는 것이다. 또한 EU의 외연을 넓히고 조직을 복잡하게 만들 때 주의를 기울일 것을 당부하고 싶다. 가입을 원하는 국가의 경제적 성과, 정치적 가치, 토대가 EU 회원국과 일치해야 한다.

분산 조직은 충성심 부족 때문에 고통 받을 일이 적다. 어찌됐든 지역 수준에서 더 강한 충성심이 형성되어 있기 때문이다. 분산된 기관은 자기 이익과 자유를 위해 네트워크에 있는 다른 기관에 충성한다. 다른 분산 기관에서 위기가 발생하면 충실한 협력자가 되어 도와야 한다고 느끼며 반대의 경우도 마찬가지다. 여기에서 충성심이란 중앙의 당국이 강제하는 복종심과는 전혀 관계가 없다.

미국의 도널드 트럼프 대통령은 나라를 더 취약하게 만드는 대표적인 유형의 대통령이다. 중앙의 권한을 강화하는 데 지방의 분노가 겹쳐지면 긴장이 조성된다. 예를 들어 트럼프가 미국의 가장 부유하고 역동적인 지역인 캘리포니아를 다루는 방식은 분리주의를 퍼뜨리기에 이상적인 번식지나 다름없다. 물론 대통령이 흐름을 완전히 바꿀 수도 있다. 그러나 대체적으로 중앙 기관은 거대해질수록 탈선 가능성도 높아지므로 예의주시해야 한다. 분산된 힘은 자연스럽게 존재하는 반면 흐름을 거슬러 집중화하는 힘은 사람들에게 왜 권력집중이 필요한지 지속적으로 인식시키려고 할 것이다.

| 자이언티즘은 얼마든지 되돌릴 수 있다 |

위에서 언급한 분산을 촉진시키는 5가지 트리거들은 거인을 약하게 만든다. 이 자생적인 힘들은 거인에게 또 다른 문제가 일어났을 때 평형추를 반대 방향으로 이동시키는 미세한 변화를 일으킬 수 있다. 그러면 거인은 자신의 무게 때문에 질식할 위험에 빠질 것이다. 예를 들어 막대한 부채 부담은 상황을 악화시키는 요인 중 하나다.

마찬가지로, 혁신의 부재는 거인을 빠르고 세게 무너뜨리는 또 다른 이유가 될 수 있다.

중국의 중앙 지도부가 결정을 내리는 일은 쉽다. 하지만 각 요소가 자체적으로 관리하는 분산 조직에서는 더 빠르고 유연하게 결정을 내릴 수 있다. 이 때문에 분산 시스템에서는 생존을 위협하기 전에 문제를 해결할 수 있다.

변화의 필요성을 너무 늦게 알아차린 다국적 기업은 수없이 많다. 코닥은 디지털 카메라 기술을 오랫동안 비밀리에 준비해왔다. 그러나 동시에 기존의 아날로그 기술에서 최대한 많은 수익을 거두고 싶은 나머지 새 기술로 갈아타지 못했다. 노키아는 수년 동안 휴대전화 부문에서 독보적인 선두 업체였다. 그들이 최고가 된 이유 중 하나는 혁신이었다. 핀란드인은 1990년대에 구소련권에 안녕을 고한 후 유선전화 대신 새로운 기술을 구현했다. 2000년 노키아는 세계 최대 기업 중 하나였지만 스마트폰으로 전환할 기회를 놓쳤다. 오랫동안 이 핀란드 기업은 애플의 아이폰이 틈새시장의 강자 수준에서 그치리라 확신했다. 하지만 아이폰이 출시되고 나서 노키아의 시가총액은 5년 만에 92퍼센트 증발했다. 원래 리서치인모션(Research in Motion, RIM)이라고 불리던 캐나다의 기업 블랙베리도 성공적인 기술에 너무 장시간 매몰되었다. 동시에 혁신의 힘과 사용자의 변화된 니즈를 과소평가했다. 블랙베리 기기는 최초의 휴대폰보다 더 스마트했으며 기업인들에게 대단한 호평을 받았다. 하지만 블랙베리는 휴대폰에 새로운 기능이 기하급수적으로 추가되고, 비즈니스 전용 기기에서 벗어나 일반 사용자의 관심을 받으리라는 사실을 깨닫지 못했다. 애플의 아이폰이 출시되자 곧 블랙베리는 설 자리를 잃었다. 이 모든 기업도 원래는 소통이 매우 신속하게 이뤄지는 혁신적인 소규모 조직에서 출발했다. 그러나 성공이 커질수록 조직 역시 비대해졌고, 그 결과 민첩성이 사라졌으며 중앙의 경영진은 시장이 보내오는 신호를 너무 느리게, 불완전하게 접했다.

이는 거대 기업이 부딪치는 근본적인 문제의 하나다. 변화는 위에서 시작할 때보다 아래에서 시작할 때 더 빠르게 일어난다. 거대 기업은 톱다운 구조에서는 신속하고 충분하게 대응할 수 없으며, 반대의 움직임, 즉 보텀업으로 말미암아 약화된다.

맥주를 파는 대기업은 다른 대기업(하이네켄과 AB 인베브)의 위협보다는 입맛의 변화나 도처에서 갑자기 생겨나는 수천 곳의 소규모 양조장과의 경쟁에 더 취약하다. 예를 들어 경쟁사가 신상품을 출시하거나 (임시적으로) 가격 전쟁을 벌이는 것보다 영세 양조장에서 홉을 더 많이 사용해 특수 맥주 IPA를 양조하거나 마리화나 합법화와 같은 아래로부터의 변화가 일어날 때 더 큰 위기에 처할 수 있다. 그러한 위협이 제기될 때 비로소 과도한 부채나 CEO의 오만함과 같이 맥주 대기업이 안고 있던 취약점이 모습을 드러낸다. 특히 경영진의 오만은 많은 대기업에 위험 요인이다. 비판과 견제를 극도로 싫어하는 CEO 문화는 독불장군과 오만이 번식하기에 이상적인 환경이다.

또한 우리는 2008년에 은행 부문이 얼마나 자만에 차 있었는지 목격했다. 금융위기의 아픔이 서서히 잊히면서 과거와 같은 과대망상이 다시 고개를 들고 있다. 2008년에 도이치 은행은 생존에 성공했으나 여전히 값비싼 맞춤 양복을 차려 입고 막대한 권력과 위세를 누리려고 한다. 앞서 지적했듯 거인은 실패를 하더라도 몸집 때문에 대마불사로 간주된다. 무분별하게 규모를 키워온 은행이 해체되어 소규모의 보다 지속가능한 은행에 자리를 내줬다면 전체 은행의 건전성이 향상됐을 것이다. 대신 도이치 은행은 독일에서 두 번째로 큰 금융회사인 코메르츠 은행과 합병하는 시나리오를 고려했다. 크기를 키워서 문제를 해결하는 것은 실패할 수밖에 없는 전략이다.

브렉시트는 난데없이 발생한 사건이 아니다. 계속 몸집을 키우고 힘을 더하는 조직에서는 어느 시점에 조직의 일부가 거대 기관에서 멀어질 위험이 있다. 앞서 언급했던 유로비전 송페스티벌을 떠올려 보라. 처음에 페스티벌은 음악 취향과 문화가 거의 같은 일부 국가에서 시작되었다. 그러다 송페스티벌은 형체를 알아볼 수 없을 정도로 커졌고 특색 없는 다수의 취향에 따라 하위문화에서 승자를 고르는 국가 간 행사로 변질되었다. 그 결과 초창기의 핵심 멤버를 이루었던 국가들은 페스티벌에 갈수록 매력을 느끼지 못하고 있다.

영국의 본토 섬인 그레이트브리튼은 상업을 중시하는 자유 경제 국가로 영국 내에서는 높은 수준의 분산을 누리고 있다. 영국은 언제나 무역에 관심이 있었던 반면 유럽연합을 더 발전시키기를 원하는 정치적 연합에는 관심이 없었다. 영국에서 보기에 브뤼셀은 관료적이고 진취성이 떨어지며 중도주의에 낭비하는 집단과 같다. 물론 대륙, 특히 브뤼셀의 슈만 광장에서는 생각이 아주 다르다.

이제 브렉시트라는 지니가 램프에서 나왔기 때문에 다른 유럽 국가도 영국의 전철을 밟을 것이라는 두려움이 커지고 있다. 자이언티즘의 불길이 네덜란드에 옮겨 붙었을 때만 해도 브렉시트의 결과는 여전히 불분명했다. 하지만 결국 영국은 유럽연합과 오래 지속하지 못할 가약을 갱신하지 않고 분리하기를 원한다는 점을 분명히 했으며 이미 많은 논쟁을 거치기도 했다. 이내 커플은 근본적인 견해차 때문에 다시 논쟁을 벌일 것이다. 정략결혼조차 영국 국민들에게 결혼 지속에 대한 열정을 크게 불러일으키지 못했다. 과거에도 국가 간 관계를 영원하게 만드는 것으로 입증된 전례가 없다. 게다가 영연방 내부에서도 지속적으로 균열이 일어나고 있는 실정이다.

앞으로 새로운 파트너십이 형성되리라는 것은 말할 필요도 없다. 유럽, 유로존, 유럽자유무역연합, 셍겐 지역1985년 프랑스와 벨기에, 서독, 룩셈부르크, 네덜란드 5개국이 국경을 개방하고 정보를 공유하기로 하고 '셍겐 조약'을 맺었다. 현재는 EU 중 22개국과 비유럽연합 회원국 중 4개국을 포함해 총 26개국이 이 조약에 가입했다. 셍겐 지역은 조약을 맺은 26개국을 일컫는 말이다. - 역주, 유럽연합 등을 구성하는 국가가 저마다 다르지만 이는 큰 문제가 아니다. 향후 수십 년 동안 일부 국가는 유로존이나 유럽연합을 떠날 가능성이 높으며, 반대로 가입을 원하는 나라도 나타날 것이다. 이러한 경제 드라마가 결코 세상의 종말을 의미하는 것은 아니다.

1992년 영국은 유로의 전신인 유럽통화제도를 탈퇴한 적이 있다. 헝가리계 미국인으로 투기자이자 억만장자로 유명한 조지 소로스(Georges Soros)의 압력에서 일어난 일인데, 아이러니하게도 현재 소로스는 열린사회재단을 통해 '친유럽유럽 통합주의, 반대말은 유럽 회의주의다. – 역주' 주장을 지지하는 입장이다. 1992년 영국이 독일의 분데스방크독일의 중앙은행 – 역주에서 더 많은 지원을 받았다면 유럽통화제도를 평화롭게 떠나거나 잔류했을 가능성도 있다.

그때도 여론 주도자들은 영국이 경제적으로 유럽연합에 뒤처지게 되고 런던이 선도적 지위를 잃을 것이라고 예상했다. 하지만 그런 일은 일어나지 않았다. 런던은 국제적인 금융 중심지로서의 위상을 더욱 굳건히 했고 프랑크푸르트와 파리가 실패한 더 많은 서비스를 제공하며 다변화를 꾀했다.

작은 나라는 현재 거대 국가 두 곳이 좌우하고 있는 유럽연합 내에서 자국에게 펼쳐질 미래와 입지를 저울질할 것이다. 북유럽 국가를 중심으로 일곱 개 나라와 함께 네덜란드는 한자 동맹을 맺었는데 중세 시대에 대체로 유사한 지역의 무역 도시가 맺었던 한자 동맹과 성격이 비슷하다. 동맹은 브렉시트의 직접적인 결과라고 할 수 있다. 8개의 작은 나라는 상대적으로 자유로운 영국이 더 이상 평형추 역할을 하지 못하는 상황에서 독일과 프랑스가 균형을 유지하지 못하는 상황을 우려하고 있다.

또한 유럽 지역은 너무 빨리 진행된 확장의 영향을 받았다. 2001년 1월 1일 유로존은 경제보다는 주로 정치적 이유에서 유럽 동부의 관문이자 NATO 회원국인 그리스를 받아들였다. 그리스는 가입 조건을 충족하지 못했으나 그리스와 마찬가지로 가입 기준에 미달했던 벨기에가 구실을 제공했다. 유로 지역에는 미국 달러에 대항해 세계

지도의 균형을 이루고 거대한 미국 화폐 규모로 빠르게 성장하겠다는 암묵적인 목표가 있었다.

유럽연합과 유로 지역은, 대기업과 대형 권력 블록 간 세계적 규모의 국제 무역이 일어나는 세계화에 대응하기 위해 형성된 집단이다. 하지만 유럽연합의 동기가 무역에만 있었다면 그토록 빠르게 확대되지 못했을 것이다. 무역 외에 지리적인 동기가 작용했고 이는 지금도 유효하다. 동쪽으로의 확대는 러시아를 견제하고 동유럽 국가와 브뤼셀의 결속을 다지기 위함이다. 친유럽주의자들은 동유럽 국가를 만나 경제를 서유럽 수준으로 발전시키고 인프라와 경제에 유럽 기금을 과감하게 투입하겠다고 약속했다.

중국에는 거대한 변화의 바람이 불었다. 2001년 12월 11일 중국이 세계무역기구(WTO)에 가입하면서 모든 상황이 변했다. 자이언티즘 역시 2001년 12월을 기준으로 전후 양상이 다르다. 세계는 중국의 WTO 가입에 만족했고 대다수의 기업은 이를 엄청난 기회로 인식했다. 하지만 중국이 사회보장 등의 측면에서 게임의 규칙을 동일하게 준수할 필요 없이 서양의 시장에 접근할 수 있도록 허용되면서 게임은 심각하게 왜곡되었다.

이러한 요소는 18년이 지난 현재 벌어지고 있는 정반대의 움직임, 즉 거인이 과잉 몸집의 한계에 부딪친 시대에서 중요한 역할을 하고 있다. 앞에서 설명했던 이유로 경제적 통합이 느슨해지고 세계의 무역이 둔화되는 반세계화가 밑바닥에서부터 대두되고 있다. 2019년 프랑스와 벨기에의 노란조끼 시위2018년 마크롱 정부의 기름값 인상을 계기로 프랑스에서 시작된 시위 – 역주, 포괄적 경제무역협정(CETA)와 같은 국제 무역협정에 반대하는 시위가 대표적 예다. 결국 우리가 포퓰리즘이라고 부르는 현상의 대두와 일치한다. 문제를 최대한 오랫동안 부인하기 바쁜 정치인과 중앙 정부의 행정가는 이러한 움직임을 뒤늦게야 알아차릴 수도 있다. 브뤼셀이나 워싱턴에서 일하는 사람은 세계화의 영향으로 일자리를 잃은 펜실베이니아나 북부 이탈리아 노동자들에게 별다른 감정을 느끼지 못할 것이다. 물론 세계화로 다른 일자리가 창출되었으나 사라진 일자리와 임금 수준이 동일한 것은 아니며 일자리가 사라진 지역에 새로운 일자리가 생긴 것도 아니다.

반세계화는 자이언티즘에 대한 대응이며 (WTO, EU 등의) 조직이 지나치게 빨리 확대된 데 대한 대응이며 지역 주민에 미치는 결과를 생각하지 않고 국제 협정을 체결한 데 대한 대응이다. 미국의 도널드 트럼프 대통령은 정부가 자신의 의견에 귀 기울이지 않는다고 느끼는 많은 사람들의 좌절을 발판 삼아 도약했다. 이들이 느낀 좌절감은 다른 나라에도 존재하나 사회적, 재정적 이전(transfer)으로 일부분 억제되어 있다. 이전 체계의 발달 수준이 훨씬 낮은 영국에서 불만이 터져 나온 것은 우연이 아니다.

이전을 늘리거나 유럽 또는 UN, WTO 같은 국제기구에 더 많은 권한을 부여하는 조치는 반세계화 물결에 대한 답이 될 수 없다. 필자는 보다 균형 잡힌 세계화인 '세계화 2.0'의 도입을 주장한다. 세계화는 부인할 수 없는 이점을 제공한다. 반세계화주의자는 원치 않는 것을 없애려다가 소중한 것까지 버리는 우를 범할 수 있다. 예를 들어 다른 나라와 무역을 하는 나라는 전쟁을 벌일 가능성이 낮다. 필자는 평화주의자다. 무역으로 경제적 인센티브를 제공하여 경제 협력이 일어난다면 많은 군사적 충돌을 피할 수 있으리라 생각한다.

하지만 세계화는 주요 경제권 간 힘의 균형에서 중요한 요소가 되었다. 이 경제권은 주요 군사적 이해관계와 권력을 숨기기도 한다. 예를 들어 유럽이 자체 군대를 보유하기를 원한다는 점은 올바른 방향으로 보이지 않으며 이런 점에서 오늘날의 세계화는 옆길로 새고 있다. 중국과 미국이 심각한 무역 전쟁을 벌이고 있고 유럽도 큰 타격을 입고 있는 것은 우연이 아니다. 더 작은 규모의 무역권과 보다 균형 잡힌 관계를 형성하면 중대한 갈등을 막을 수 있다.

분산은 세계화 2.0에 지침을 제공할 뿐 아니라 반세계화를 피하는 훌륭한 방법이기도 하다. 균형 잡힌 세계화는 과잉을 과감하게 해소할 때 가능하다. 세계화의 약점은 주로 실업과 사회 일부에서 벌어지는 안전의 상실, 또 다른 일부에서 진행되는 사회적 착취, 모두가 떠안아야 할 기후 변화의 결과와 관련되어 있다. 세계화가 세계 경제에서 취약한 대다수의 참가자를 희생시켜 소수의 엘리트를 이롭게 한다는 반감도 있다. 반면 엘리트는 포퓰리즘이나 가짜 뉴스 퇴치에 힘을 쏟아야 한다고 생각한다. 하지만 포퓰리즘을 객관적으로 정의하기는 어려우며 정치적 적수는 종종 이를 활용해 상대방을 비난한다. 지금과 같은 인터넷 시대에 가짜 뉴스를 금지하거나 퇴치하기는 쉽지 않으며 포퓰리즘과 가짜 뉴스 모두 기저 질환으로 말미암아 나타나는 증상이다. 즉 어떤 모델은 더 많고 더 큰 것을 추구하는 과정에

자이언티즘

서 완전히 탈선했으며 이는 상당수 인구의 좌절과 분노를 키워 정치인들이 세력을 얻을 기회를 제공한다.

유럽연합의 모델은 지나치게 빨리 외형을 키우면서 보완성의 원칙에는 무관심한 나머지 문제에 직면했다. 이 문제는 유럽연합 내에서 긴장감을 높일 뿐 아니라 유럽의 정치인을 회원국의 국민에게서 멀어지게 만든다. 예를 들면 그렇지 않아도 심사가 뒤틀린 유럽연합 시민들은 러시아 등에서 퍼뜨리는 가짜 뉴스에 쉽게 넘어 간다. 그러한 가짜 뉴스에 대항하기란 불가능에 가깝기 때문에 유럽연합을 보다 균형적이고 부패가 덜하며 효율성이 높은 조직으로 만드는 일이 더 중요하다. 그래야만 가짜뉴스가 뿌리를 내릴 토양을 쉽게 찾지 못할 것이다.

| 도시국가와 소국가는 세계화의 미래 |

경제 조직이 탈선했더라도 오늘날 진행되는 세계화는 부인할 수 없는 사실이다. 현재 세계화는 중국, 미국, 유럽연합, 일본과 같은 대형 경제권을 강조한다. 하지만 앞으로는 강조점이 대도시로 옮겨갈 것이다. 이는 새로운 현상이 아니다. 역사를 통틀어 도시는 언제나 거대한 제국의 가장 중요한 허브 역할을 해왔다. 아테네, 스파르타, 로마, 콘스탄티노플은 전체 제국에서 지역의 강력한 독립체로 기능했다. 제국이 아닌 도시야말로 실제로 각광받은 중심지였고 인재가 모여드는 용광로였다.

　미국의 에릭 와이너(Eric Weiner)는 『천재의 발상지를 찾아서』에서 도시에 인재를 끌어들여 경제적 매력과 부의 상징으로 만든 요소로 개방성, 반대성, 다양성, 지식, 금융 활동이라는 다섯 가지 요소를 꼽

:: 세계 주요 메가시티 ::

| 그림 37 | 나라가 아닌 메가시티가 세계에서 가장 영향력 있고,
지속가능한 사회 구조다.

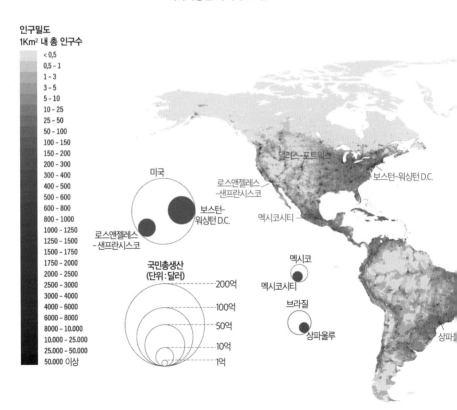

았다. 와이너의 통찰력에서 주목해야 할 것은, 혁신과 외부인에 대한 개방성이 천재성을 발전시키는 핵심이라는 지적에 있다. 천재를 끌어들이는 자석은 먼 곳의 인재도 불러 모으는 힘이 있다.

인재를 유치하는 주된 장소가 국가가 아니라 도시인 이유는 무엇인가? 사실 와이너가 열거한 요소 중 일부는 국가를 불안정하게 만드는 위험을 감수하지 않는 한 전체 국가로 확대하기 어려운 면이 있다.

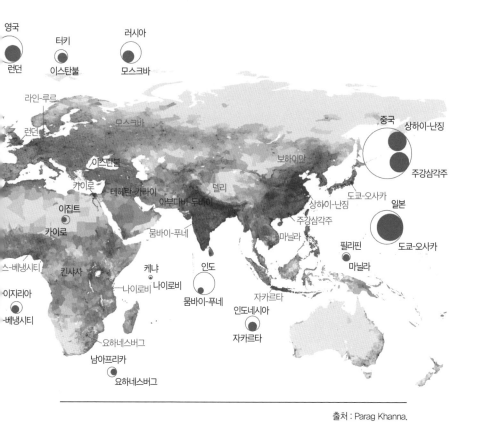

출처 : Parag Khanna.

예를 들어 반대성은 국가가 화합을 이루기 어렵게 만들지만 도시 환경에서는 작동한다. 많은 경우 개방성은 도시의 전형적인 특성으로 꼽히는데 도시가 강이나 하천 등 수로를 통해 타 지역과 연결되기 때문이다. 반면 국가 전체는 도시보다 폐쇄적인 상태를 유지한다. 중국에서 일부 (항구) 도시가 다른 문화, 제도와 연결되어 있기는 해도 국가 전체가 개방된 적은 한 번도 없다. 도시국가는 앞서 논의한 분산으로 촉진된 국가 형태다.

이런 점에서 필자는 인도계 미국인 과학자이자 베스트셀러 작가인 파라그 카나(Parag Khanna)의 의견에 동의한다. 카나는, 21세기의 지배자는 중국이나 미국이 아닌 도시일 것이라고 예측했다. 공급이 부족한 세계에서 도시가 바람직한 거버넌스governance, 협치 혹은 공공경영. 사회 내 다양한 행위자가 자율성을 지니면서 함께 국정운영에 참여하는 새로운 통치 방식 – 역주의 섬이 되기 때문이다. (미국, 유럽연합과 같은) 거대 기관의 거버넌스는 부패, 훌륭한 리더의 부재, 소외 등 여러 원인으로 말미암아 더욱 불안정해지며 이에 따라 도시는 새로운 세계의 초석이 된다. 또한 카나는 주요 도시 간 연결성의 역할을 강조하고 국가보다 도시 간 연결이 더 쉬울 것이라고 가정했다. 연결성이 곧 미래이며 도시는 행성 간 접촉이 일어나는 교점이다. 주요 도시는 국가와 제국보다 더 오래 유지된다. 로마, 아테네, 카이로, 이스탄불은 여전히 중요한 위치를 유지하고 있으나 해당 도시가 속해 있던 고대 제국은 오래 전에 사라졌다. 주요 도시가 없다면 주요 국가도 없다. 218~219쪽 지도(그림 37)는 세계에서 중요한 역할을 하는 메가시티를 보여준다.

유럽 내에서도 동일한 현상이 나타난다(그림 38 참고). 도시 네트워크는 인재와 문화, 스포츠, 경제 활동을 끌어 들인다. 수백만 명이 거주하는 거대한 허브 도시가 가장 먼저 눈에 들어온다. 개성이 강하여 다른 도시나 혹은 속해 있는 국가와 차별화 색채를 뽐내는 소규모 도시도 돋보인다. 어두운 색은 영역이 넓어지고 밝은 색은 영역이 줄어든다. 도시는 인재를 유치하기 위해 다른 도시와 끊임없이 경쟁을 벌인다. 역동적인 도시국가는 매력도를 높이기 위한 새로운 활동을 지속적으로 모색한다. 현재 금융부문에서는 기술적이고 혁신적인 상품과 서비스를 개발하는 청년 기업가인 핀테크 전문가나 IT 부문의 스타트업이 인기다. 얼마 전만 해도 유행하는 패션, 창의적인 활동이 주목받았으며 기업가나 은행가가 관심을 받던 때도 있었다. 도시는 국가보다 유연하며 새로운 트렌드에 민감하게 반응한다. 번창하는 도시국가가 되기 위해 굳이 유럽연합의 회원국이 될 필요도 없다. 대도시는 그 자체로 끌어당기는 힘을 지닌 자석이다.

국가 내에서도 도시가 국가 기관 자체보다 더 뛰어난 성과를 거둔다고 보는 이유가 여기에 있다. 시장(mayor)은 보다 쉽게 정책을 만들 수 있다. 왜 그럴까? 시장은 국가나 유럽의 정치인보다 국민에 더 가까우며 주민들의 분위기를 더 빨리 감지한다. 시장의 지도력은 더 강하기 때문에 분명한 지침을 전달할 수 있다. 또한 시장과 시의회 의원들이 동일한 권력을 누린다는 점은 의사결정이 방해를 받거나 지연되는 일이 드물다는 것을 의미한다. 시민과의 결속력이 더 강하기 때문에 피드백 루프, 즉 추진된 정책에 대한 빠른 평가와 필요한 경

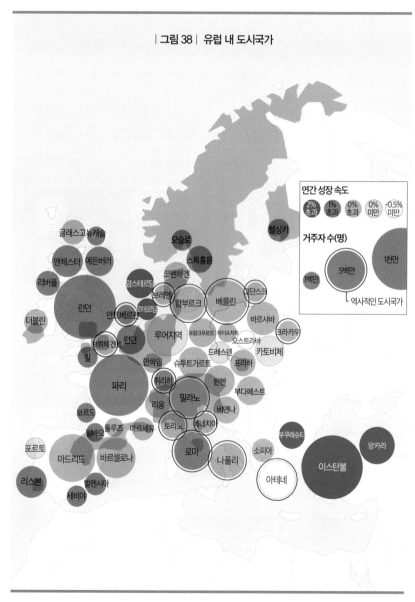

| 그림 38 | 유럽 내 도시국가

연간 성장 속도

2% 초과 | 1% 초과 | 0% 초과 | 0% 미만 | -0.5% 미만

거주자 수(명)

1천만

5백만

1백만

└ 역사적인 도시국가

글래스고 뉴캐슬
맨체스터 에든버러
리버풀
암스테르담
런던
더블린 안트베르펜
로테르담
브뤼헤 겐트 런던
릴
오슬로
스톡홀름
코펜하겐
브레멘
함부르크 베를린
그단스크
바르샤바
루어지역
프랑크푸르트 라이프치히
오스트라바 크라카우
드레스덴
슈투트가르트 프라하 카토비체
만하임
취리히 뮌헨
파리 밀라노
리옹 비엔나 부다페스트
보르도
빌바오 툴루즈 마르세유 토리노 베네치아
포르토 로마
마드리드 바르셀로나 나폴리 소피아
리스본 발렌시아
세비야
아테네
부쿠레슈티
이스탄불 앙카라

출처 : 존 도널드(John Donald)와 연락하여 얻은 자료 기준으로 자체 계산

자이언티즘

우 조정이 일어나는 과정이 훨씬 짧다. 지방의 정책은 새로운 니즈와 통찰력에 더 빠르게 대응할 수 있다.

하지만 모든 도시가 성공적인 것은 아니다. 일부 도시는 평범함의 수렁에 빠져 있다. 여기에는 일반적으로 몇 가지 이유가 있다. 도시는 문화, 경제, 교육, 이동성, 휴식과 같은 다분야에서 뛰어난 점수를 거둬야만 실질적인 성공을 거둘 수 있다. 도시가 한 분야에만 집중하면 다른 분야는 후퇴하고 인재는 떠나간다. 예를 들어 어떤 도시에 거대한 금융 클러스터가 형성되어 있으나 문화적 명소가 없거나 강력한 학문적 영향을 발휘하지 못한다면 런던과 경쟁할 수 없다. 지금까지 런던은 탁월한 문화, 스포츠, 학문, 역사적 자원을 다양하게 제공해왔다. 오늘날 도시는 현대적인 이동성(mobility)에 투자해야 하며 지속가능성과 기술의 선두에 서도록 요구받는다. '스마트 시티'는 새롭게 부상하는 슬로건이다.

도시 간 경쟁은 모두에게 유익하다. 이탈리아의 로마, 밀라노, 토리노가 경쟁을 벌이면서 이 모든 도시가 보다 창의적으로 변모하고 번성하게 되었다. 예를 들어 스위스에서는 제네바, 취리히, 바젤이 치열한 경쟁을 벌이긴 하지만 내부 결속이 강하다. 국가가 아닌 도시가 재능 있는 기업인을 유치하기 위해 경쟁한다는 점도 두드러진다. 보스턴, 베를린, 암스테르담, 런던은 핀테크 스타트업을 유치하기 위해 경쟁한다. 파리, 밀라노, 뉴욕, 도쿄는 패션 분야의 인재를 유치하기 위해 경합을 벌인다.

유럽이 보다 강해지려면 유럽연합에만 주목해서는 안 된다. 유럽의 도시에 존재하는 풍부한 다양성을 활용하여 세계 경제에서 더 나은 위치를 차지해야 한다. 유럽 도시가 지닌 다채로운 역사와 다양한 비전은 미래가 점점 동일성으로 단조로워질 것이라고 여기는 세계에서 무척 매력적으로 다가온다. 하지만 우리의 도시가 자이언티즘의 전철을 밟지 않도록 주의해야 한다. 도시국가의 성공적인 분산 네트워크는 훨씬 더 많은 도시가 번성하도록 허용해야 하며 소수 메가시티가 자체적으로 챔피언스리그를 형성하도록 놔둬서는 안 된다. 앞서 설명했듯 도시는 사람들이 행복을 느끼지 못하는 공간이 될 수 있다. 따라서 서로 다른 공동체와 다양성, 녹지, 대기 질에 충분한 관심을 기울여야 한다. 이런 면에서 뉴욕과 런던은 매우 다양한 이웃, 이동성 증진 계획, 살기 좋은 도시 계획에 많은 관심을 기울이며 성공을 거뒀다.

분명 도시국가는 우리가 점점 더 큰 경제권을 형성해야 한다는 개념에 대비되는 흐름이다. 거대한 조직은 서로 충돌하기 일쑤여서 심각한 갈등을 빚는다. 양차대전을 겪은 후 더 큰 나라보다는 작은 나라를 만들어야 한다고 생각했던 독일의 철학자 레오폴드 코르 (Leopold Kohr, 1909~1994년)는 이를 확신했다. 더 큰 정치 단위보다 작은 단위에 대해 열린 자세를 취하는 것은 오늘날 금기시된다. 하지만 나심 탈레브가 지적하듯 지방주의는 충격과 분열에 훨씬 더 강하다. 게다가 탈레브에 따르면 소규모 정치 단위가 더 잘 관리된다. 그는 키프로스와 그리스(1974년 이후 큰 문제를 겪고 있기도 함), 싱가포르와 중국 및 말레이시아, 두바이와 사우디아라비아, 스위스와 독일을 비교했다. 이에 더해 룩셈부르크와 프랑스의 예를 추가할 수 있다. 유럽연합 가입을 앞두고 있는 아이슬란드의 예를 들자면, 아이슬란드 국민들은 은행이 무분별하게 커지도록 내버려두지 않았다.

GIANT
ISM

7장

거인을 원래대로 돌려놓기 위한 10단계 제안

| 환부 찾기 |

어떤 사람은 수백 억 달러의 재산으로 떵떵거리며 살고, 나머지 수십 억 인구는 푼돈만 쥔 채 고개 숙이고 산다면 이것은 누구의 잘못인가? 경제시스템에서 비롯된 일이지만 경제시스템의 잘못은 아니다. 대신 이러한 시스템을 결정하는 게 있다. 새로운 판이 시작될 때마다 카드를 뒤섞으며 결과를 결정하는 것은 게임에 적용된 규칙이다. 사람들이 현재의 경제 체제에서 억압받는 것은, 숫자만 바라보는 단편적인 경제적 사고와 규모의 경제를 추구한 결과다. 게임의 규칙을 바꾸면 경제는 보다 인간적인 규모에서 기능하게 된다.

현재 게임의 규칙은 '대형화'를 조장하는 방식으로 설계되었다. 하지만 늘 그랬던 것은 아니다. 앞서 설명했지만 여러 자극이 구조적인 성장을 부추겼으며 전체를 키우도록 조장했다. 자극제를 바꾸면 경제는 다른 방식으로 작동한다.

근본적인 질문은 경제 게임의 기본적인 가치가 무엇이어야 하느냐는 것이다. 지속가능성이야말로 게임의 기본적인 규칙이어야 한다. 이는 게임이 다른 세대에 영향을 미치지 않고 어떠한 사회적 왜곡을 일으키지 않음을 뜻한다. 또한 자이언티즘은 환경에 불필요한 부담을 준다는 것을 뜻한다. 주된 원인은 균형을 잃은 세계화에 있다. 세계화는, 전 세계로 상품을 나르면서도 환경 비용을 내지 않기 때문에 물류 네트워크의 몸집은 거대해진다. 반면 지역 생산은 환경에 부담을 훨씬 덜 끼치며 사회적으로 긍정적인 결과도 낳는다.

심판이 시합에 계속 개입하거나 흐름을 끊는다는 말은 경기가 지금 균형을 잃고 있다는 뜻이다. 서양뿐 아니라 중국의 경제는 점점 계획경제가 되어가고 있다. 서양에서는 중앙은행이 기획 부처 역할을 맡고 있다면 중국은 중앙은행을 활용해 경제를 움직이고 있다. 중앙은행은 독립된 기관이지만 중립적이지 않다. 중앙은행은 예외적인 경우에 개입할 수 있도록 독립성을 부여받았다. 하지만 지금의 중앙은행은 개입 빈도수를 늘리며 시장을 움직이기 때문에 더 이상 중립성은 존재하지 않는다. 결정권자가 선수가 되어 게임에 뛰어들면 게임은 망가지고 만다. 경제의 균형을 회복하기 위해 게임의 규칙을 전부 바꿀 필요는 없다. 결정권자의 행동과 경기에 참여하는 플레이어의 조건을 조정하면 된다.

1. 중앙은행의 개입 줄이기

1987년 앨런 그린스펀(Alan Greenspan)이 미국 중앙은행(연방준비제도. 줄여서 연준) 총재가 된 이후 각국 중앙은행의 행동 양상이 완전히 변했다. 이전에는 중앙은행장이 긴급한 상황에만 개입했으나 그린스펀 총재는 달랐다. 1987년부터 시작해 2000년에 가까워질수록 점점 개입 횟수가 증가하면서 버블과 무모함을 키웠다. 노벨상 수상자인 마이런 숄즈(Myron Scholes)와 로버트 C. 머튼(Robert C. Merton)이 운영하던 헤지펀드 롱텀캐피탈매니지먼트(LTCM)를 구제한 1998년의 사건은, 시장이 패닉에 빠지면 연준이 반드시 개입한다는 믿음을 만들어냈다. 그 결과 금융시장의 거대 플레이어는 점점 더 많은 리스크를 짊어졌다(모럴 해저드). 가장 큰 리스크를 진 플레이어가 최대 승자였다.

보다 균형 잡히고 지속가능한 경제를 향해 나아가기 위해서는 중앙은행이 개입을 줄이고 금융시장이 제 역할을 하도록 맡겨야 한다. 지나치게 많은 리스크 때문에 실패한 플레이어는 경기장에서 빠지고, 대신 보다 신중하고 책임감 있는 플레이어에게 자리를 양보해야 한다.

중앙은행은 시장이 더 많은 역할을 하도록 만들어야 한다. 그러면 기업이 일반적으로는 도달할 수 없는 수준으로 몸집을 키우기 위해 레버리지(일반적으로 부채)를 사용하는 일이 줄어들 것이다. 중앙은행은 대형 플레이어에게 마약과도 같은 자금을 풀어준다. 나머지 플레이어에게는 그림의 떡이다. 중소기업은 대기업과 동등한 레벨의 대출을 받을 기회가 훨씬 적고, 설령 빌리더라도 대기업처럼 낮은 금리가 적용되는 것도 아니다.

2. 대마불사 근절

실패하는 대형 기관은 질서 있게 해체해야만 한다. 단 하나의 조직도 대마불사가 되어서는 안 된다. 대마불사가 되면 정부는 해당 기업이 파산할 때 국영화해야 한다. 2008년에 살아남은 기업은 주로 유럽 주요국의 대형 은행이었다. 유럽의 작은 나라에서는 ING, KBC, 포티스, 덱시아 같은 금융기관이 규모를 대폭 줄여야만 했다. 하지만 프랑스, 독일, 이탈리아, 스페인의 주요 은행은 좀 더 관대한 대우를 받았다. 그 결과 유럽 은행 부문의 건전성은 여전히 낮은 수준이다. 유럽에서는 금리가 낮게 유지되어 과도한 부채를 일으키도록 부추긴다. 이러한 방식으로 대형 은행 해체를 회피하는 것이 유럽 경제의 고질적 문제가 되었으며 이렇게 살아남은 기관을 좀비 은행이라고도 부른다. 목숨은 붙어 있지만 더 이상 은행으로서 기능하지 못한다.

과거에는 철강 기업, 자동차 제조업체, 조선소 등 다른 부문에서 동일한 상황이 연출되어 정부가 오랫동안 생명을 연장시킨 적이 있었다. 큰 나무가 죽으면 수백 그루의 키 작은 식물이 빛과 산소를 공급받을 수 있다. 심판은 대형 플레이어의 위기에 겁을 먹어서는 안 된다. 아무리 리오넬 메시라도 경쟁력을 잃은 선수는 경기장에서 퇴출

시켜야 한다.

3. 보완성 : 가능할 때 분산화하기

유럽연합은 보완성의 원칙에 바탕을 두고 설립되었지만 이 원칙은 널리 알려져 있지 않다. 보완성은 의사결정이 가능한 가장 낮은 수준(즉 최대한 시민에 가까운 수준)에서 이뤄져야 함을 의미한다. 시, 주, 지자체 수준에서 결정을 내리는 것이 더 나을 때에는 그렇게 해도 좋다.

대기업은 의사결정을 손쉽게 관리할 수 있다는 점에서 중앙 집중식 결정을 선호한다. 거대 정부는 대기업과 소통하는 것을 더 편하게 여긴다. 이러한 불합리한 경향성 때문에 대기업과 소기업 모두에게 게임의 규칙을 공정하게 적용하기 위해서는 보완성의 원칙을 지키는 것이 중요하다. 게임을 보다 민주적이고 지속가능하게 만들려면 지방과 국제 심판 가운데서 전자를 선택하는 편이 바람직하다.

| 게임의 규칙 |

4. 세법의 허술한 구멍을 메우고 국제적 수준에서 법인세를 인상하며 다국적 기업과 중소기업을 차별하지 않기

지난 40년 동안 법인세는 지속적으로 인하되었다. 특히 대기업은 역대 최저 수준의 세율로 이익을 누렸다. 무엇보다 이러한 추세는 특정 지역에 대기업을 유치하기 위해 국제적인 경연 대회가 벌어진 것과 관련 있다. 하지만 거대한 다국적 기업에는 세금을 줄이도록 도와주는 전문가와 컨설턴트가 있다. 반면 지방의 소기업은 세법의 허점을 활용할 수 없기 때문에 보통은 부과된 세금 전액을 납부한다. 대기업과 소기업의 차이와 더불어 대기업은 전문가들 눈에만 보이는 여러 허점을 활용하는데 이를 근절하기 위해서는 국제적 협력이 필요하고, 해당 기업의 모든 이해관계자가 윤리적인 태도를 갖춰야 한다.

또한 결정권자는 속임수를 쓰는 집단에 철퇴를 가할 줄 알아야 한다. 최근 수년 동안 대형 은행에서는 몇몇 사람들이 세금으로 장난을 쳤으나 법망을 빠져나갔다. 이러한 횡령사건에는 레드카드를 주고 여러 해 동안 경기에서 배제시키는 문화를 만들어야 한다. 만약 대형 플레이어에게 세제 혜택을 주고 심판이 유리하게 대우한다면 게임은 절대 공정하게 흘러갈 수 없다.

5. 반독점법 강화

자본주의의 게임판은 카르텔, 과점, 준독점, 길드의 온상이 되었고 품질, 안전, 종종 불필요한 교육을 요구하는 식으로 각종 진입장벽을 세웠다. 사실 더 이상 자본주의를 논할 필요는 없을 것 같다. 대신 게임의 룰에 대해 이야기하면 된다.

경제라는 게임을 보다 공정하게 만들기 위해 결정권자는 반독점 규제를 강화해야 한다. 유럽의 경우처럼 한 국가에서뿐 아니라 모든 국가에서 동시다발적으로 강화 조치를 취해야 한다. 그렇지 않으면 또 다른 왜곡이 발생하며 죄수의 딜레마처럼 최악의 결과로 이어진다. 공정하게 경기에 임하는 나라는 속임수를 쓰는 나라를 절대 이길 수 없다.

미국의 IT 대기업인 페이스북, 구글, 마이크로소프트, 애플, 아마존뿐 아니라 중국의 IT 대기업에도 엄격한 반독점법을 적용해야 한다. 현재 중국은 미국을 모방하고 있는데 그 규모가 매우 거대하다. 중국의 규모는 상대에게 두려움을 품게 만드는 요소이며 중국의 반독점법이 공산당의 재량에 달려 있기 때문에 글로벌 경제의 시합을 왜곡한다. 따라서 각국 정부는 중국 기업이 인수합병에 나설 때 특별히 주의를 기울여야 한다. 호혜의 원칙은 사실상 작동이 정지된다. 국가 자본으로 서양의 과점 기업을 인수한 중국 기업은 공정한 플레이에 위협을 가한다.

6. 거대 기업의 기업 인수 금지

현재 일부 대규모 축구팀은 1부 팀을 세 개 꾸릴 수 있을 정도의 선수를 보유하고 있다. 이는 창의적인 인재의 앞길을 망칠 뿐 아니라 경쟁을 저해한다. 잠재적인 경쟁자가 어깨를 나란히 하며 두각을 보일 기회도 없고, 위협을 가할 방법도 없다. 같은 이유로 IT 대기업도 전도유망한 IT 소기업이 위협을 가하기 전에 인수해 버린다. 다시 말해 인수합병은 경쟁뿐 아니라 혁신마저 가로막는다.

축구 협회인 FIFA와 UEFA는 이적과 관련해 공정한 규정을 개발하고 축구 클럽이 과도한 부채를 일으키지 못하도록 금지하는 등 건전

자이언티즘

성 유지를 위해 노력하고 있다. 마찬가지로 국제기구와 정부는 대기업이 유망한 기업을 손쉽게 매입하지 못하도록 막아야 한다. 오늘날의 금융 문화에서 인수합병을 금지하자는 주장은 헛소리처럼 들릴지 모른다. 하지만 최근에 진행된 인수합병 건수와 규모를 살펴보면 도리어 기업 매수의 바람이 비정상적인 광풍임을 알게 될 것이다.

물론 그러한 조치가 빠른 시일 내에 승인을 받을 가능성은 낮다. 대기업과 (인수합병으로 막대한 돈을 버는) 자문단은 로비를 통해 법안 채택을 저지하기 위해 모든 수단을 동원할 것이다. 골드만삭스를 비롯한 은행 출신 인사들이 정부, 로비 조직, 국제기구에 얼마나 많이 포진해 있는지 알게 되면 아직 갈 길이 멀다는 점을 깨달을 것이다. 하지만 건전하고 균형 잡힌 경제를 회복하기 위해 우리는 그 길을 걸어가야 한다.

7. 국제운송에 탄소세 부과

이 주제는 십 년 넘게 필자가 즐겨 다뤄왔으며, 전작인 『경제충격(Econoshock)』에서 언급하기도 했다. 국제 물류망에서 발생하는 외부비용에 공정한 환경세를 부과해야 한다는 주장이다. 여기에서 '외부비용'이란 환경 파괴, 안전 위험, 상품과 서비스를 전 세계로 운송하면서 발생하는 부정적인 사회적 결과를 가리킨다. 세계화를 중단하자거나 반세계화주의자가 되자고 호소하는 것이 아니다. 다만 광범위한 무역과 협력에 꼭 필요한 요소다.

만약 국제 네트워크가 무료라면 경제적 최적화가 가능하다. 그런데 외부비용을 포함하면 경제 최적화가 유지되면서도 사회와 생태 비용을 고려할 수 있다. 이 같은 비용이 고려되면 결과적으로 지역 생산이 경쟁력을 갖춰 생산 기회가 증가한다. 또한 일부 부문에서 세계적인 거대 기업이 더 이상 지배력을 행사하지 못하고 대신 지역의 다양성이 증가하고 경쟁 기회를 누리게 된다. 끝으로 환경세는 물류의 자이언티즘을 약화시킨다. 보다 인간적인 규모로 더 작고 분산된 물류망을 구축하게 될지도 모르는 일이다.

필자가 탄소세를 언급한 이유는 자이언티즘의 광범위한 결과 때문이기도 하지만 밑바탕에는 기후에 대한 우려도 있다. 개인적으로 2015년 파리에서 체결된 기후 협정이 국제운송에 탄소세를 부과하지 않았다는 점에서 늘 비판적인 입장을 취해왔다. 국제운송으로 유발되는 막대한 오염에 세금을 부과하지 않는다면 획기적인 탄소 감축은 불가능하다.

| 플레이어 |

8. 사회적 규정의 수용

경제학자들은 국제무역에 대해 매우 이론적이고 기계적인 시각을 가지고 있다. 모든 플레이어에게 더 많은 것이 더 좋은 것이라고 주장하며 경제 모델에서 언제나 비교우위를 언급한다. 하지만 이들이 밝히지 않는 점이 있는데, 모든 플레이어가 동일한 규정을 받아들이

자이언티즘

는 것으로 가정한다는 사실이다. 이때의 규정은 경제뿐 아니라 사회적인 측면과 관련되어 있다. 아동노동, 고용착취, 기타 사회적 남용은 오늘날 경제에서 흔히 일어난다. 우리는 과도기적인 시기를 거치고 있는 만큼 미래 지향적 시각으로 문제를 받아들여야 한다.

사실 수백만 명의 중국인이 자유 무역에 힘입어 빈곤에서 벗어났다. 만일 중국에 사회적 규정을 강제했다면 2001년 세계무역협정은 체결되지 못했을 것이다. 하지만 이제는 20년 정도 지났고, 우리는 보다 엄격해져야 한다. 중국과 기타 '떠오르고 있는' 신흥 경제국이 이제는 수용할 수 있게 된 아동노동, 고용의 안전 기준, 노조 가입이나 직원의 법적 보호에 보다 엄격한 규정을 적용할 때다. 충분한 시간이 주어졌음에도 규정을 강화하는 움직임은 없었다. 거대 다국적 기업은 하청업체가 법 규정을 준수하지 않음을 명백하게 보여주지 않는 한 일반적으로 적극적인 대응을 하지 않는다. 남용을 막기 위해 사전에 개입하는 일도 충분히 일어나지 않는다.

최소한의 사회적 기준이 마련되어 있지 않은 국가와 기업은 국제적인 경제 게임에 참여할 수 없도록 해야 한다. 그렇지 않으면 사회 규정을 지키는 기업이 도리어 불이익을 받아 경쟁력을 잃게 된다. 결국 속임수를 쓰는 기업이 공정한 플레이어를 몰아내고 만다. 공정한 플레이에 기반을 두는 게임에서는 이런 일이 벌어져서는 안 된다.

9. 속이는 플레이어의 퇴출 또는 장기 출전 정지

속임수를 쓰는 플레이어를 과감하게 배제하면 경기가 제대로 진행되지만 경제 게임에서는 누구도 그럴 만한 배짱이 없다. 게임의 규정은 모호하거나 느슨한 경우가 많다. 결정권자가 없거나 심판이 플레이어로 경기에 참여하는 경우도 많다. 무엇보다 속임수를 쓰는 플레이어가 거물이고 감히 건드릴 수 없는 존재일 때가 있다.

처벌이 약하거나 처벌을 적용하지 않는 이유 중 하나는 국제 무역에 '자유 무역은 항상 선하다'와 '무슨 일을 하든 방해하지 말 것'이라는 분위기가 형성되어 있기 때문이다. 앞서 살펴봤지만 경제학자는 다른 측면을 고려하지 않기 때문에 종종 실수를 범한다.

그렇더라도 플레이어는 가격 담합을 하지 않는다거나 과도한 덤핑 관행에 참여하지 않고 현지의 경제법을 준수하는 등 게임의 경제적 규칙은 지킨다. 하지만 경제 외적인 측면을 고려하고 있는 규정은 간단하게 짓밟히고 만다.

중국은 지적재산권을 어기며 (서양의) 많은 사회적 권리에 관심을 기울이지 않는다. 기본적인 인권조차 적용되지 않는다. 미국은 파리 기후협정을 지키지 않는다. 미국 기업은 모든 국가에서 매출을 올릴 수 있도록 허용하면서도 역할이 바뀌면 국가 안보가 신속하게 개입한다. 유럽 역시 신성불가침이 아니다. 유럽은 품질상의 이유로 아프리카의 생산자가 식료품을 자유롭게 수입하는 것을 허용하지 않는다. 러시아의 올리가르히러시아 경제를 장악하고 있는 특권 계층으로, 소련 공산당 관료 출신 혹은 관료들의 지원으로 거대 재벌로 성장한 사람까지 두루 일컫는 말이다. – 역주 에게 기업 윤리란 서양의 기업들이 받아들이는 의미와 같을 리가 없겠지만 그보다 그들의 뜻을 거스를 수 있는 방법이 없다는 게 더 문제

자이언티즘

다. 브라질은 농업을 최적화하기 위해 아마존 열대우림을 파괴할 수
있도록 허용하지만 어떤 무역 제재도 받지 않는다. 사우디아라비아
는 인권을 존중하지 않으면서도 이웃 나라인 예멘을 중세 시대라고
비난하고 세계무역에 문제없이 참여한다.

국제무역이 국가와 기업을 모두 포함해 공정한 플레이어에게 불리
해서는 안 된다. 이는 보호주의와는 관련이 없으며 지속가능성을 보
호하는 것이다. 우리 지구와 지역의 인구를 이롭게 하는 일이기도 하
다. 인류, 공동체, 지구를 속임수에서 보호하려면 엄격한 기준을 마
련하고 이를 어기는 자들에게 강경한 조치를 취해야 한다.

10. 플레이어, 결정권자, 그리고 게임 규정을 만든 사람 사이 거리 유지하기

정실 자본주의란, 기업과 정치권의 관계에서 성공 여부가 갈리는
경제를 가리킨다. 정실 자본주의는 거의 모든 자본주의 국가에서 발
견되는 골칫덩이다. 기업과 정치가 밀착되어 있어서 더 이상 누구도
문제라고 인식하지 못할 뿐이다.

낙하산 관행을 예로 들어보자. 이는 고위 정치인이 정계를 은퇴한
후 기업에서 고위직에 오르는 관행을 가리킨다. 게르하르트 슈뢰더
(Gerhard Schröder) 독일 전 수상은 정치에서 물러난 후 러시아의 석
유 및 가스 기업인 가즈프롬에서 가장 높은 지위에 올랐을 뿐 아니라
스위스 투자은행인 로스차일드의 이사가 되었다. 유럽연합 집행위원
회의 조제 마누엘 바호주(Jose Manuel Barroso) 전 위원장도 투자은행

골드만삭스로 자리를 옮겼다. 네덜란드의 닐리 크뢰스(Neelie Kroes) 경쟁담당 집행위원은 택시 기업인 우버의 고문과 뱅크오브아메리카 메릴린치의 특별 고문을 맡았다.

물론 정치와 민간 분야를 넘나드는 경력을 나쁘다고 볼 수만은 없다. 하지만 이들의 경우 이해상충을 일으킬 수 있다. 수목 관리원이 밀렵꾼이 된다면 관리가 허술한 곳이 어디인지 더 잘 알게 마련이다(그렇다고 민간 기업이 모두 밀렵꾼이라는 의미는 아니다.). 최소한 12개월 동안 냉각기를 두는 것이 도움이 되며 일부 역할을 맡기기 위해서는 12개월 이상의 유예기간도 필요하다. 가장 바람직한 태도는 얼마 동안은 관련 기업에 못 간다고 사전에 명확히 합의하는 것이다.

또 다른 예가 있다. 정치인과 최고 경영자가 만나는 여러 정상회의다. 대다수의 행사에는 지방의 기업인이나 소규모의 다국적 기업인은 참석할 수 없다. 스위스 다보스에서 열리는 세계경제포럼이 잘 알려진 예이며, 이보다 더 배타적인 빌데르베르크 콘퍼런스도 있다. 정치인이 기업가들을 동반하여 무역 사절단의 임무를 수행하는 동안에는 자연스럽게 정치와 기업이 의존하는 경우도 많다. 로비 집단이 주최하는 행사에서 정치인과 기업인이 교류하는 경우는 말할 것도 없다.

그 자체를 부정적으로 볼 필요는 없다. 인사이트를 교환하는 일은 양쪽 모두에게 큰 도움이 될 수 있다. 하지만 위험 소지도 다분하다. 엘리트 클럽은 영향력 있는 정책 입안자와 주로 대기업의 CEO로 구성된다. 정책 입안자가 세계 경제에서 일부에 해당하는 한쪽의 의견만 들으면 잘못된 인식을 가질 수 있다. 또한 한두 걸음 옆이나 뒤에는 로비스트가 언제든지 그를 만나려고 대기하고 있다.

그렇게 해서 뭔가 달라진다. 예를 들어 2017년 다보스 회의는 2018년 마라케시에서 체결된 이주 협정에 큰 영향을 미친 것으로 알려졌다. 대기업은 언제든지 값싼 노동력을 확보하고 싶어 한다. 물론 다보스 세계경제포럼은 국경 없는 국제무역을 지지해왔다. 하지만 스위스 알프스에서 일반인과 동떨어져 진행되는 행사는 정치인들에게 다보스 시험대를 통과하는 모든 경제 조치가 모두에게 바람직하리라 믿게 만드는 인위적인 분위기를 형성한다.

따라서 필자는 정치인과 CEO가 거리를 유지하는 방법, 이들이 만나는 더 나은 교류 방식을 마련해야 한다고 생각한다. 시간이 흐를수록 다보스 발표 내용을 공개적으로 접할 수 있는 기회가 늘고 있고, 누가 참석했는지 목록을 구하는 일도 어렵지 않게 되었다. 그러나 이게 핵심이 아니다. 기업과 주요 정책 입안자 사이의 밀접한 관계가 문제다. 거대한 다국적 기업이 다보스의 세계경제포럼이 아니라면 새로 선출된 대통령을 1년 내에 만날 기회가 없다. 포럼이라는 단어가 풍기는 뉘앙스와 달리 순수한 모임도 아니다. 자연스럽게 스위스의 겨울 스포츠 리조트에서 열리는 정상회담은 환상적인 프로그램으로 구성되며 흥미로운 발표와 토론이 이어진다. 이 프로그램은 여러 지도자들에게 눈 덮인 산을 여행할 좋은 기회다. 하지만 이들에게 중요한 것은 내용이 아니다. 그보다는 관계 맺음과 이를 통해 얻게 되는 영향력의 확대가 더 중요하다. 다보스에서 열리는 며칠간의 행사에 거대 기업이 막대한 돈을 들여서라도 참여하려는 이유다.

:: 다보스 : 배타성의 가격 ::

가격이 비쌀수록 희소성은 커진다. 다보스는 이 원리를 너무나 잘 이해했다. 몇 년 전 〈뉴욕타임스〉는 스위스 산장에서 인맥을 쌓는 가격을 계산한 적이 있다. 우선 세계경제포럼의 연간 회원에 가입해야 한다. 2011년에는 멤버십 카드의 가격이 5만 2천 달러 정도였다. 업계 파트너는 26만 3천 달러, 전략적 파트너는 52만 7천 달러를 지불해야 하며 각 멤버십의 등급으로 누릴 수 있는 혜택이 다르다. 이제 콘퍼런스에 입장할 수 있는 표를 사야 하는데 2011년 기준으로 세금을 제외하고 1만 9천 달러에서 시작했다.

진정으로 특별한 만남이 열리는 비공개 세션에 참여하려면 업계 회원이 되어야 하는데 연간 13만 7천 달러를 내야 한다.

동료와 함께 참석하려면 업계 파트너가 되어 멤버십을 업그레이드해야 한다. 여기에 26만 3천 달러가 든다. 물론 동료 또한 입장료 1만 9천 달러를 내야 한다.

복수의 동료를 데려가려면 전략적 파트너(52만 7천 달러)가 되어야 한다. 또한 1인당 1만 9천 달러의 입장료를 다섯 장 사야 하며 다섯 명 중 여성이 한 명 이상 포함되어야 한다.

전략적 파트너에 가입하려면 세계 250대 기업에 들어야 한다. 그래야 다보스와 콘퍼런스에 참여할 수 있다. 추가 비용도 있다. 원래도 리조트는 매우 비싼 시설이지만 콘퍼런스 주간에는 호텔 가격이 천정부지로 치솟는다. 가장 작은 안쪽 방도 하루에 500달러 이상을 내야 예약할 수 있다. 샬레Chalet, 스위스식의 작은 산장 혹은 소주택 - 역주를 원한다면 일주일에 15만 달러를 지불해야 한다.

연례 세계경제포럼에 입장하려면 수백만 달러를 내야 한다. 기업이 해마다 막대한 비용을 치르고 참석하는 이유는 포럼 발표 때문이 아니겠는가? 하지만 포럼에서 진행하는 강의는 일반인도 손쉽게 접할 수 있기 때문에 이 비싼 돈이 발표가 아니라 다른 이유로 내는 게 아닌가 하는 의혹이 제기되고 있다.

빌데르베르크 회의는 더 배타적이고 은밀하게 진행된다. 사실 이 회의는 민주적

242

으로 수용 가능한 한계지점에 위치한다고 볼 수 있다. 비즈니스 세계의 지도자와 일부 정치인, 영향력 있는 정책 기관의 고위직이 모이기 때문이다. 이러한 밀실 정치는 반세계화주의자, 노란조끼, 기타 시위대의 항의를 유발하기에 이상적 형태다.

이러한 엘리트를 비롯하여 미디어, 민주주의 조직이 다보스, 빌데르베르크, 골드만삭스와 로스차일드가 만든 기타 클럽이 경제 게임을 망칠 능력이 있었다는 사실을 깨달았다면 좋았을 것이다.

| 가짜 자본주의자에게서 자본주의 구하기 |

앞서 제안한 해결책에 대해 정책 입안자들이 시간을 내어 검토한다고 해서 해가 될 것은 없다. 하지만 해결책에 순위를 매기고 목록을 만들면 사뭇 다르게 보일 것이다. 세계 지도자가 필자에게 경제 게임을 개혁해 달라고 요청한다면 어디에서부터 시작해야 할까? 제안한 조치의 실현 가능성은 얼마나 될까?

개인적으로 가장 시급하게 보이는 조치는 세 가지다.

- 반독점 조치 강화
- 기업과 정치 간 부적절할 정도로 밀접한 관계 종식(정실 자본주의)
- 세계적으로 국제운송에 탄소세 도입(해운 및 항공)

위의 세 가지 조치는 자이언티즘뿐 아니라 사회와 환경에도 중요한 영향을 미칠 것이다. 우리가 자본주의를 구하고 현재의 자본주의 규칙 남용을 끝내기 위해 가장 시급하게 취해야 할 조치다.

다른 조치가 중요하지 않다는 것은 아니며 그 반대다. 하지만 신속하게 영향을 미치기 위해서는 가장 큰 레버를 먼저 작동하는 것이 좋다. 예를 들어 중앙은행의 정책에 대한 논쟁은 매우 복잡한 사안이다. 게다가 정치로부터의 독립성 문제가 항상 뒤따른다. 거대 기업의 기업인수를 금지할 것을 강력하게 촉구하고 싶지만 챔피언스리그의 사례를 보고 있노라면 대기업들이 공정 게임을 감독하는 데 별로 관심이 없다는 점을 알게 된다. 우리는 사회 규정을 존중하고 강화해야 하지만 여러 이유에서 많은 사람들은 중국과 기타 신흥 국가에 이를 요구하기를 두려워한다.

필자는 이 메뉴를 다보스 세계경제포럼이나 빌데르베르크 세션에서 제안하고 싶다. 하지만 이 메시지를 실제로 발표하게 될 가능성은 극히 희박하다. 진짜 궁금한 점은 따로 있다. 과연 거대 조직이 불안정의 원인임을 사람들이 인지하고 있는지 여부다. 중앙은행은 경제 게임을 망치고 있는데, 보다 가까운 비유를 들자면 중앙은행들은 마치 모노폴리 게임에서 돈을 나눠주는 은행과 같다는 것을 알고 있을까? OECD, IMF, 정부는 재무와 금융 시스템의 허점이 주로 금융 해적을 보호한다는 사실을 알까? 정치인과 기업 지도자는 게임의 규칙이 감시되지 않거나 존재하지 않는 환경에서 노란조끼와 반세계주의자가 느끼는 좌절과 이로 말미암아 불필요하게 나타나는 공격에 대

| 표 9 | 자이언티즘 이후의 시대를 준비하는 과정

단계	규칙	자이언티즘에 미치는 영향	실현가능성 (+ 높다, - 낮다, = 중립)
5	반독점법 강화	1	+
10	플레이어, 결정권자, 그리고 게임 규정을 만든 사람 사이 거리 유지하기	2	+
7	국제운송에 탄소세 부과	3	+
3	보완성 : 가능할 때 분산화하기	4	+
6	거대 기업의 기업 인수 금지	5	-
2	대마불사 근절	6	=
4	세법의 허술한 구멍을 메우고 국제적 수준에서 법인세를 인상하며 다국적 기업과 중소기업을 차별하지 않기	7	+
1	중앙은행의 개입 줄이기	8	-
8	사회적 규정의 수용	9	=
9	속이는 플레이어의 퇴출 또는 장기 출전 정지	10	-

출처 : 자체 연구

해 알고 있을까?

일각에서는 챔피언스리그가 우리가 놓쳤을지 모르는 환상적인 경기를 제공한다고 주장할지 모른다. 이는 EPO, 테스토스테론, 기타 코르티코이드, 스테로이드를 맞은 랜스 암스트롱(Lance Armstrong)이 일반적으로 동일한 자극제를 맞은 다른 사이클 선수를 상대로 멋진 경기를 펼치는 모습을 떠올리게 한다.

물론 그들의 말처럼 스타플레이어가 여러 클럽에 분산되어 뛰고 있다면 축구 경기는 지금보다 지루했을지 모른다. 하지만 우리가 유념해야 할 게 있다. 지금껏 우리가 즐겼던 환상적인 경기가 만일 중요한 사회적 결과를 희생시켜 얻은 것이라면? 이는 윤리와 사회적 선택의 문제다. 개인적으로 과거의 멋진 경기는 지금과 달랐으며 더 긴장감 넘치고 참여도가 높았다고 생각한다. 오늘날 축구 선수는 대부분 FIFA 컴퓨터 게임 속 인물을 연상시킨다.

필자는 고르기가 참 쉽다. 챔피언스리그 이전의 경기가 어땠는지 기억하고 있기 때문이다. 하지만 다른 경제적 현실을 상상할 수 없는 현재 세대에게는 보다 어려운 선택이 될 수도 있다.

정책 입안자가 너무 큰 데다 궤도를 이탈해 버린 은행을 납세자의 돈으로 구제한 것이 실은 정상 시스템이 아닌 탈선한 시스템을 연명시키기 위한 행위였음을 알고 있었다면 지난 금융위기와 경제위기 이후 십 년을 잃어버리지 않았을 것이다. 정치인과 중앙은행장이 '전체 시스템의 붕괴를 의미하기 때문에 다른 선택지는 없었다.'라고 말하는 것을 자주 듣는다. 이들이 구하려는 시스템은 균형이 깨져 있고 공정하지 않으며 기후와 인류에 건전하지 않은 시스템이다. 반대로 우리가 더 나은 구조로 옮겨간다면 그 시스템은 그들의 걱정처럼 붕괴하지도 않을 것이다. 문제는 탈선한 시스템의 관리자가 동일한 시스템의 감독자와 정책 입안자인 경우가 많다는 것이다. 안타깝게도 새롭고 보다 균형 잡힌 경제 시스템을 지지하는 사람들은 경로를 바꿀 수 있는 중요한 순간에 바로 그 자리에 있지 않다.

자이언티즘

이 때문에 진짜 변화는 큰 위기가 닥치거나 해묵은 시스템이 끝끝내 무너진 뒤에야 시작된다. 하지만 역사는 일반 시민이 혼란과 혼돈의 주된 희생자이며 그러한 기간이 군사적 충돌과 인류의 위기로 이어질 수 있음을 일깨워준다. 따라서 우리에게는 감정보다 생각과 해법을 우선시해야 하는 이유가 있다. 가짜 자본주의자의 남용에서 자본주의를 구해야만 한다.

GIANT
ISM

결론

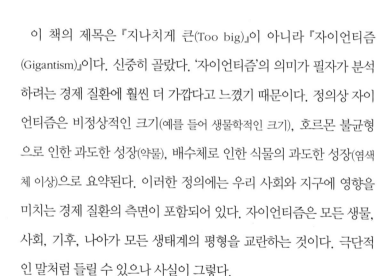

이 책의 제목은 『지나치게 큰(Too big)』이 아니라 『자이언티즘 (Gigantism)』이다. 신중히 골랐다. '자이언티즘'의 의미가 필자가 분석하려는 경제 질환에 훨씬 더 가깝다고 느꼈기 때문이다. 정의상 자이언티즘은 비정상적인 크기(예를 들어 생물학적인 크기), 호르몬 불균형으로 인한 과도한 성장(약물), 배수체로 인한 식물의 과도한 성장(염색체 이상)으로 요약된다. 이러한 정의에는 우리 사회와 지구에 영향을 미치는 경제 질환의 측면이 포함되어 있다. 자이언티즘은 모든 생물, 사회, 기후, 나아가 모든 생태계의 평형을 교란하는 것이다. 극단적인 말처럼 들릴 수 있으나 사실이 그렇다.

또한 자이언티즘을 멈춘다는 것은 지금 우리가 퇴치하기 위해 노력하는 비만, 괴롭힘, 자살, 범죄, 번아웃, 대기오염, 온실가스, 소외,

경제의 비인간화와 같은 증상을 부분적 혹은 완전히 해결함을 뜻한다.

'지나치게 크면' 종양과 암이 자라게 된다. 생물에만 해당되는 것이 아니라 경제나 사회에도 똑같이 적용되는 말이다. 이러한 통찰력은 오랫동안 알려져 있었다. 지난 30년 동안 경제학자들은 경제학을 과학으로 여겼다. 경제를 계량화하여 공식으로 모델을 만들고 '법칙'을 도출하여 계량 경제 모델을 구축했다. 정부나 중앙은행은 거시경제 모델을 과신하면서 경제를 계획하거나 조정한다.

이는 실패가 예정된 실험이다. 중앙에서 계획할수록 사람과 사회는 무시 받는다고 느끼게 된다. 사회적 성찰에서 손을 뗀 경제학은 거대한 불균형을 초래하며 이는 기후 문제, 불평등, 풍요병과 같이 경제 이외의 분야에서도 영향력을 행사한다.

따라서 경제학자는 철학적인 통찰력을 갖추고 경제적 선택과 구조가 사회적으로 초래하는 결과를 고려해야 한다. 또한 우리는 메타 경제 수준에서 공정한 게임의 법칙을 만들어야 한다. 공정한 법칙이 없는 경제 시스템은 비정상적으로 보이며 승자가 점차 시스템 전체를 왜곡하게 된다.

경제 시스템이 사람들에게서 멀어지는 순간이 조정이 필요한 때다. 오늘날 자이언티즘에서 비롯된 핵심적인 문제가 여기에 있다. 이미 애덤 스미스(1723~1790)와 같은 경제 이론 창시자들도 문제를 인식하고 있었다. 과거의 경제학자들은 기업의 경쟁력과 혁신, 자유로운 계획이 경제의 역동성을 유지하는 데 중요함을 깨달았다. 기업의 크기가 비대해지고 경쟁이 억제되면 경제는 더 이상 건전하다고 볼 수 없다.

케인스(1883~1946) 학파가 주류가 되면서 이러한 시각이 점차 변했다. 영국의 경제학자 케인스는 기업이 아닌 경제학자와 경제 모델이 경제를 이끄는 모델을 강하게 신뢰했다. 케인스의 이론은 각광받았으며 정부에도 규제 기능이 추가되었기 때문에 케인스의 통찰력에 지지를 보냈다. 케인스는 완전경쟁시장에서는 소비자와 경제 전체가 여러 혜택을 잃을 것이라고 생각했다. 케인스는 정부의 시장 개입을 주장한 것으로 잘 알려져 있지만 거대 기업이 미국 경제를 주름 잡던 1920년대 말에 기업인으로서 활동한 바 있다. 예를 들어 당시에는 3대 자동차 기업이 있었으며 자동차는 산업에서 가장 중요한 부문이었다…… 이 책의 어딘가에서 많이 들어본 얘기 같지 않은가?

미국 기업인 에드먼드 펠프스(Edmund Phelps)는 케인스의 이론을 검토한 후 자동차 부문의 과점을 대기업의 힘에 대한 케인스의 신뢰로 설명할 수 있다고 결론 내렸다. 케인스는 코포라티즘corporatism, 국가가 노동자와 사용자 사이의 이해관계에 적극 관여하는 방식 – 역주을 통해 정부가 원하는 방향으로 경제를 조정할 수 있다고 믿었다.

케인스 이론의 의도는 좋지만 경제의 거시 이벤트에 바람직하지 않은 영향을 미쳤다. 하향식 조정은 언제나 선한 의도에서 출발하나 이내 과잉, 불균형으로 이어지고 더 많은 조정이 필요하여 새로운 오버슈팅overshooting, 환율·주가·금리 등의 가격 변수가 장기 균형가격에서 크게 벗어나 급등하거나 급락하는 현상 – 역주이 생겨나고 궁극적으로 개입을 지속하게 된

지역과 국제적 수준 모두 카르텔 형성과 정실 자본주의를 퇴치하는 조치를 마련해야 한다. 어떤 경우든 유럽 이외의 지역에서 이러한 조치를 취하는 것은 쉽지 않다. 유럽은 이미 지역의 챔피언에게 비교적 성공적으로 성장 식단을 처방했다. 중국과 미국은 조치의 중요성을 깨닫지 못하고 있으며 경제 공룡이 국익에 유리하다고 여기고 거대기업이 경제 제국주의에서 수행하는 역할을 중시한다. 중국과 미국경제가 자이언티즘으로 고통 받기 시작했으나 평형추가 반대 방향으로 이동하기까지는 시간이 걸릴 것 같다. 주요 경제 세력들이 알아서잘 처리할 것이라고 기대하는 건 힘들다. 국제적 합의가 필요하다.

자이언티즘을 억제하려면 세계화의 규정을 바꿔야 한다. 기업이지불해야 할 사회적, 생태적 비용은 그리 부담스럽지도 않다. 경제논리에 입각해 비용을 줄이고 생산을 최적화해야 한다는 생각에만함몰되면 인간과 환경이 희생된다. 전 세계가 국제물류에 탄소세를도입하면 게임 방식이 크게 변할 것이다. 국제 물류이동이 더 이상합리적인 선택이 아니라는 사실을 깨달으면 다시금 현지 생산으로갈아탈 것이다. 인간과 환경을 고려하여 물류의 방향을 설정하면 선박과 항구, 기타 관련 활동이 갈수록 거대해지는 트렌드도 억제될 것이다.

경제학자들은 '보호주의는 언제나 번영에 해롭다.'라고 말한다. 하지만 그들이 내세우는 경제 공식에 환경이나 사회적 요소를 포함시키면 이 경제적 격언은 더 이상 참이 되질 못한다. 유럽에서는 이미품질 기준에 기반을 두고 일종의 보호주의를 도입했다. 예를 들어 '신화학물질관리제도REACH. 화학 물질 관리에 기본 축이 되는 법령으로서 건강과 환경을 보존하는 동시에 화학 산업의 경쟁력을 높이기 위하여 유럽연합에서 제정한 제도 – 역주'는 화학 기업이 폐쇄 루프(재활용 시스템)을 설립하도록 강제한다. 자동차 제조업체와 식품 또는 소비재 제조업체는 매우 세부적인 안전 규정을 준수해야 한다. 그런데 유럽은 왜 제조업체가 사회나 환경 기준을 어기는 중국과 미국 제조업체의 제품을 수입하는 데 규제를 강화하지 않는가? 한편 미국에서도 보호주의를 요구하는 목소리가 있다. 예를 들어 중국 기업의 지적 재산권 도용을 중단시키자는 주장이다. 유럽에서도 전기나 수도, 사회적으로 중요한 항구, 공항, 병원, 라이트닝 네트워크비트코인의 느린 속도를 개선하기 위해 나온 확장형 솔루션 – 역주 등의 인프라에서 재산권이나 공공재를 보호할 수 있도록 보호주의를 도입할 수 있다.

이 책에서 얻을 수 있는 중요한 통찰력은 경제 게임이 새로운 계획 경제로 인해 왜곡될 수 있다는 것이다. 이러한 계획 경제를 특히 중앙은행에서 찾아볼 수 있는데 그들은 대기업에 더 유리한 조치를 취한다. 서양의 정부는 조직을 보다 대담하게 분산해야 한다. 경제 또는 기술 효율성을 빌미로 갈수록 큰 학교, 큰 병원, 큰 관공서를 만드는데 이렇게 해서는 심각한 문제를 만들 뿐이다. 학교, 병원, 기타 공공서비스의 자이언티즘은 서비스와 시민을 멀어지게 만들 뿐 아니라 학교에서 괴롭힘과 범죄를 증가시키고 공동체 정신과 인간안보Human security, 1994년 유엔개발계획이 『인간개발보고서』에서 처음 쓴 용어다. 기존에는 국가안보 차원에서 평화를 논했으나 이제는 인간 삶의 질을 높이는 방향으로 나아가야 한다는 뜻에서

　　　　　　　　　　　　자이언티즘

쓰였다. 평화, 경제활동, 환경, 질병 등 전 지구적 목적 달성을 위해 서로 협력하는 것을 기본 원칙으로 한다. – 역주를 사라지도록 한다.

미래는 더 작고, 느리고, 인간적이다. 이 3개의 형용사는 서로 연결되어 있다. 규모가 더 인간미 있고 전문가와 수학적 시스템으로 관리되지 않는다는 점에서 작다. 더 이상 성장 촉진 약물과 부채에 대한 중독으로 자극을 가하지 않고 인간 본성의 흐름에 맞춘다는 점에서 느리다. 그러한 경제는 사람에게 더 가깝고 풍요병이 효과적으로 억제되며 더 이상 영구적인 약품과 싸울 필요가 없다는 점에서 인간적이다.

이는 유토피아 경제가 아니라 사회, 생태, 경제 등 인류의 모든 측면을 고려하는 경제다. 수십 년 동안 경제학자가 대학과 준과학적 이론을 통해 정책에 반영한 단면적인 경제 이념과는 매우 다르다. 필자는 경제학자들이 단면적으로 사고하는 경우가 많을 뿐 아니라 몇 수 앞이 아닌 불과 한 수 앞만을 바라보는 경우가 허다하다는 점을 지적하고 비판한다. 첫 번째 경기에서는 (가령 규모의 경제) 효과가 긍정적으로 나타나더라도 이어지는 라운드에서는 얼마든지 부작용이 나타날 수 있다(경제의 비인간화와 기후 문제). 경제학자들은 경제를 모델로 만들어 관리할 수 있다고 믿는 경향이 있다. 이러한 믿음은, 스스로에게 정치와 민주 절차에서 독립된 (중앙은행장 같은) 중요한 역할을 부여한다. 설령 경제학을 과학이라고 부를 수는 있더라도 엄격한 의미의 과학은 절대 아니다.

끝으로 하나만 더 지적하면, 경제학자들은 가정에서 출발한다. 단순화된 상황을 가정하고, 제한된 국가와 상품을 가정하고, 완전한 경쟁을 가정하고, 효율적인 금융 시장을 가정하며, 합리적인 소비자를 가정하고, 적시에 개입할 수 있는 잘 운영되는 정부를 가정하고, 공정한 세금 제도를 가정한다. 현실에서는 얼굴조차 찾아보기 힘든 가정들이다.

문제가 발생하면 경제학자들은 거인이라도 된 듯이 지구를 내려다보며 해결책을 찾으려 한다. 대대적인 개입, 유동성 투입, 예산 적자 확대, 기업과 은행의 거대한 구제금융 추진이 그러한 예다. 경제학자들을 옐로스톤에 보내고 싶다. 대대적인 인프라 사업으로 탈선을 바로잡을 필요 따위는 없음을 알려줘야 한다. 때로는 늑대 몇 마리를 풀어놓는 조치로도 생태계는 균형을 회복한다. 경제학자들은 작은 단위로 사고하고 인간에 다가가는 법을 배워야 하며, 우리가 소속된 생태계를 위해 소임을 다할 수 있어야 한다. 사람들은 모노폴리 게임을 경험하면서 더 이상 최초의 규칙 따위는 기억하고 있지 않으며, 언제든 은행으로부터 돈을 얻을 수 있다고 믿게 되었고, 이런 태도가 게임에 어떤 결과를 미치는지 경제학자들로 하여금 확실히 깨닫게 해야 한다.

아무리 발버둥 쳐도 운명을 벗어나지 못할 것이라는 생각에 치우쳐 전체 시스템을 거부하는 사람들이 생기고 있다. 하지만 경제에 희망이 없는 것은 아니다. 태양이 내리쬔다고 세계에 종말이 찾아오지 않으며^{벨기에 드라마 〈어둠 속으로〉에는 햇볕을 쬐면 죽게 되는 상황이 설정되어 있다. – 역주} 저지대 국가가 해수면 아래로 잠기지도 않는다. 경제를 안락사 시킬

자이언티즘

필요도 없으며 사익 추구를 없애거나 독재 정권의 엄격한 조치로 공공재를 도입할 필요도 없다. 그저 사람들이 창의성을 발휘하고 질병, 기후나 금융 시스템 같은 복잡한 문제에 협력하도록 자극하면 된다. 더 많은 사람이 참여할수록 더 나은 결과를 얻을 것이다. 소수의 엘리트 또는 재능이 정실 인사에 힘입어 막강한 세력을 지닌 거대 구조를 만들고, 이런 조직이 힘자랑을 하는 소수 독점 사회가 될수록 우리가 사는 이 세상은 난관에 부딪치고 거대한 위기를 맞게 된다. 따라서 전체 시스템을 거부할 필요는 없으나 그 시스템을 비판적으로 직시하고 고쳐가야만 한다.

너무 커서 도리어 보이지 않는다
지상 최대 경제 사기극

자이언티즘

초판 1쇄 인쇄 2020년 9월 18일
초판 1쇄 발행 2020년 9월 18일

지은이 게르트 노엘스
옮긴이 박홍경
펴낸이 홍석문

편   집 권병두
디자인 엔드디자인(02.338.3055)

펴낸곳 탬
출판등록 2018년 10월 12일 제2018-000284호
주소 서울시 마포구 독막로7길 20 JP빌딩 401호
전화 070.4821.0883 팩스 02.6409.3055
이메일 taembook@naver.com 홈페이지 www.taem.co.kr
인스타그램 instagram.com/taem_book

한국어판 출판권 ⓒ 탬, 2020
ISBN 979-11-971481-0-1 03320

이 책의 국립중앙도서관 출판예정도서목록(CIP)는 서지정보유통지원시스템 홈페이지(seoji.nl.go.kr)와 국가자
료공동목록시스템(nl.go.kr/kolisnet)에서 이용하실 수 있습니다(CIP제어번호: CIP2020037229).

*책값은 뒤표지에 있습니다. 잘못 만들어진 책은 구입하신 곳에서 바꿔드립니다.